다시 짜는 판

크리에이터 비즈니스 **12년간의 기록**

1판 1쇄 발행 2025년 8월 4일

저자 김봉제

디자인 arti.bee **마케팅·지원** 이창민

펴낸곳 (주)하움출판사 **펴낸이** 문현광

이메일 haum1000@naver.com **홈페이지** haum.kr
블로그 blog.naver.com/haum1000 **인스타그램** @haum1007

ISBN 979-11-7374-136-4(03320)

좋은 책을 만들겠습니다.
하움출판사는 독자 여러분의 의견에 항상 귀 기울이고 있습니다.
파본은 구입처에서 교환해 드립니다.

이 책은 저작권법에 따라 보호받는 저작물이므로 무단전재와 무단복제를 금지하며,
이 책 내용의 전부 또는 일부를 이용하려면 반드시 저작권자의 서면동의를 받아야 합니다.

다시 짜는 판

크리에이터 비즈니스 **12년간의 기록**

목차

프롤로그   008

제1부 | **감각의 시대** - 시스템 없는 창작, 시스템 밖의 감정

- 1장   크리에이터의 옷을 입고, 판을 짜다   014
- 2장   MCN이라는 이름조차 없던 시절   032
- 3장   작은 조직에서 짠 첫 구조   046

제2부 | **구조의 탄생** - 성장의 이면과 매니지먼트의 붕괴

- 4장   구조를 체험하는 감각   058
- 5장   이름을 부여받은 감각, DIA TV의 탄생   068
- 6장   브랜드와 크리에이터가 만났을 때   076
- 7장   매니지먼트의 허상   090

제3부 | **재구성의 시대** - 창업, 해체, 그리고 재설계

- 8장   사람 중심의 조직을 만들다   100
- 9장   성공은 했지만 불안이 남았다   112
- 10장   써니를 다시 만나다   126
- 11장   작지만 강한 조직   140

제4부 | **다음 구조** - 기술, 감정, 그리고 사람

- 12장   나는 왜 아직 이 업을 사랑하는가   152
- 13장   AI는 도구인가, 파트너인가   162
- 14장   크리에이터 비즈니스는 계속된다   170

다시 짜는 판		180
에필로그		184
히든챕터 ❶	재미로 보는 MCN의 시대 흐름(feat. 내 눈)	190
히든챕터 ❷	어려운 질문, 어려운 답 - 難問難答(난문난답)	198
히든챕터 ❸	크리에이터와 열일중인 당신을 위한 10계명	206
히든챕터 ❹	소속사 찾는 이에게, 실무자로서 드리는 TIP 10	216
히든챕터 ❺	덕질도 기술입니다 - 시청자 구조짜기	226
히든챕터 ❻	속담 변형으로 보는 크리에이터 비즈니스	232

프롤로그

이 책은 12년 동안 내가 콘텐츠 생태계에서 보고, 겪고, 이해한 것을 기록하기 위해 쓰기 시작했다. 내가 이 산업에 들어왔을 때는 단지 감동이 시작이었다. 그 감동이 생존이 되고, 설계가 되고, 그리고 피로가 되기까지 그 과정을 담은 책이다.

나는 20년 전 크리에이터로서의 삶을 잠깐 살았던 적이 있다. 공대생으로 살기 싫었던 어느 날, 시험공부가 지긋지긋해진 나는 FPS 게임 서든어택을 하던 중 클랜원들과 나눴던 성대모사 드립을 녹음해서 미니홈피에 올렸다.

단지 재미 삼아 시작한 일이었고, 그게 바로 '1인 20역 성대모사' 영상이었다. 그런데 반응은 뜻밖이었다. 그 영상은 일촌의 일촌으로 파도를 타고 일종의 밈처럼 퍼져 나갔고, 싸이월드 메인에 올랐으며,

네이버 실시간 검색어 2위에 오르기까지 했다. 그게 시작이었다. 그리고 누군가가 내 싸이월드 방명록에 남긴 메시지는 지금도 선명하게 기억난다.

'죽고 싶던 순간에 봉제님 영상을 보고 얼마나 웃었는지 모릅니다. 웃게 해줘서 고맙습니다.'

그 짧은 문장 하나가 나를 바꿨다. 콘텐츠가 사람을 구할 수 있다는 사실을, 나는 그때 처음 알았다. 누군가는 단지 웃었을 지 몰라도, 누군가에겐 그것이 하루를 버티게 한 이유가 되었다. 나는 그 방명록을 잊을 수 없다. 그리고 또 하나의 방명록. 한참 뒤에야 다시 찾아보게 된 글이었다.

'아버지 어머니가 싸우시고는 각방 쓰신 지 몇 달 됐는데, 거실에 컴퓨터가 있어서 동생이랑 같이 봉제님 UCC 틀어놓고 깔깔대고 웃었거든요. 아버지 어머니도 뭐 때문에 이렇게 시끄럽냐고 하더니만 같이 보면서 웃음이 터졌어요. 몇 개월간 각방 쓰셨었는데 두 분이 화해하셨습니다. 저희 가정에 평화를 주셔서 감사해요.'

이 메시지는 내 머리를 조용히 두드렸다. 단지 웃긴 영상을 만들었다고 생각했던 내가, 어떤 가정의 감정선을 바꿔놓고, 그 변화가 눈에 보이는 평화로 이어졌다는 것. 콘텐츠는 그렇게 사람을 움직이기도 했다.

그것은 나에겐 처음으로 '의미 있는 콘텐츠'라는 개념을 실감한 순간이었다. 그 후 나는 크리에이터가 아닌, 크리에이터를 돕는 사람의 길을 선택했다. 콘텐츠를 만드는 사람을 지키고, 지속할 수 있게 하고, 그들의 에너지가 사라지지 않게 돕는 일. 나는 그것이 '구조'의 역할이라고 생각했다.

콘텐츠의 본질은 감정이었다. 그 감정을 지켜내는 방식이 곧 올바른 구조다. 그리고 나는 지금까지 이 구조를 만들다 무너뜨리고, 다시 설계하는 과정을 반복해왔다. 그래서 이 책을 통해, 내가 지나온 그 반복의 전개를 차근히 펼쳐보려 한다.

이 책은 크리에이터 비즈니스라는 이름으로 불려온 지난 12년의 판을, 감각의 시대에서 시작해 구조의 탄생, 재구성의 실험, 그리고 다음 구조에 대한 고민까지 순서대로 다시 펼쳐본 기록이다. 콘텐츠를 만드는 사람이 감정을 어떻게 견디고, 그 감정을 누가 어떻게 구조로 붙잡아야 했는지 실패와 회복을 반복하며 그 과정을 몸으로 통과했다.

이 책은 단순한 성공사례도, 누군가를 탓하기 위한 회고도 아니다. 한 번쯤 망가져 본 사람들이 어떻게 구조를 다시 짜는지를, 그 전개와 언어를 담아보려 했다.

또한 나의 경험이자, 이 업계의 흑역사이자, 또 다른 시작에 대한 예고장이기도 하다. 나는 MCN이라는 이름이 더는 지금의 현실을 설명하지 못한다고 생각한다. 용어가 주는 본질 조차도 무너졌기 때문이다.

그러나 그것이 무너졌다고 해서, 이 산업 전체가 끝난 것은 아니다. 우리는 여전히 함께하고 있고, 크리에이터 비즈니스는 지금도 누군가를 울리고 웃기고 있다. MCN이 침묵하고 있는 상태에서 말이다.

이 책은 그 말을 하지 못했던 수많은 목소리를 들으려는 시도다. 그리고 나는, 그 침묵을 깨고 판을 다시 짜는 사람이 되기로 했다.

제1부

감각의 시대

시스템 없는 창작,
시스템 밖의 감정

 # 크리에이터의 옷을 입고, 판을 짜다

감각의 시작

주민등록 초본 네 장. 그것만 봐도 내가 얼마나 많은 이사를 했는지 알 수 있다. 나는 직업 군인의 아들이었다. 아버지 부대가 옮겨질 때마다 학교를 전학 다녀야 했고, 그러다 보니 한 지역에서 깊은 친구를 사귀기는 어려웠다. 조금 친해지게 되면 떠나야 했기 때문이다. 거의 전국 팔도를 다 다녔던 것 같다. 어느 부대든지 아버지가 발령받게 되면 아버지는 국가의 명령에 따라야 했고, 우리 가족 역시 아버지를 따라야만 했다.

그 덕에 밝고 쾌활한 성격과 함께 유머 감각이 더 길러졌던 것 같다. 아마도 새로운 환경에서 친구들에게 즐거움을 주고 친해지려는 전략이었을 것이다. 그래서 어린 시절부터 학교의 각 과목 선생님들 성대모사에 능했다. 그렇게 남들에게 웃음을 주는 일을 꽤 좋아했다.

그러한 내 성격과 조금 달랐던 것은 장래 희망이었다. 무슨 이유였는지 '컴퓨터 프로그래머'가 되고 싶다는 초등학교 때의 꿈이 고3 때까지 유지되고, 공대에 진학하게 되었다. 열심히 공부해서 전공도 원하는 곳으로 갔지만, 정작 대학교 시절에는 그 전공을 두고 고민하게 되었다.

대학교 2학년 시절, 2006년 12월 6일 수요일로 기억한다. 12월 초였고 어머니가 저녁에 수요예배를 가셨을 때니까 정확히 맞다. 다음 날 '신호 및 시스템'이라는 과목의 기말고사였는데, 내가 대학에서 배우는 과목 중에 제일 이해하기 싫고 어렵고 외계어 같은 과목이었다. 컴퓨터 프로그래머를 하기 위해 공대를 간 놈이 신호 및 시스템을 싫어하다니 참으로 아이러니다. 마치 '수영 선수가 될 거예요' 하면서도 물이 무서워서 못 들어가는 사람 같은 꼴이었다.

하기 싫은 과목을 부여잡고 있어 봐야 공부가 될 턱이 있나. 머리를 잠시 식혀보겠다는 생각으로 틈날 때 즐기던 FPS 게임 '서든어택'을 접속했다. 나는 클랜의 마스터였다. 클랜전을 진행하기 위해 음성 채팅 '팀 보이스'를 접속하고 헤드셋을 머리에 쓴 다음 클랜원들과 인사했다. 신나게 게임을 하던 중에 클랜원 한 녀석이 어설픈 성대모사를 했는데, 그 타이밍이 너무도 뜬금없고 똑같지 않아서 모두가 빵 터졌다. 그 덕에 우리는 배꼽을 잡고 웃으며 게임을 즐겼고, 이어서 다른 클랜원들도 성대모사를 하기에 바빴다.

"봉제 형, 형은 성대모사 할 줄 아는 거 있어요?"

내가 가장 자신이 있는 분야였지만, 게임을 하러 모인 자리였기에, 성대모사를 하자니 좀 쑥스러웠다. 그래서 대충 이렇게만 얼버무리고 말았다.

"어, 못하진 않는데... 니네가 만약에 이번 클랜전을 이기면 내가 하나 들려 줄게."

그 게임이 사실상 이기기 어려운 게임이었기에 그렇게 말했던 건데 아무래도 각성제가 되었던 모양이다. 말도 안 되게 그 게임을 이겼고 클랜원들은 재촉하기 시작했다.

"형 봤죠. 이겼죠? 빨리 들려주세요. 누구 들려줄 거예요?"

나는 그 당시 성대모사가 가능했던 '실미도' 안성기 배우의 대사로 클랜원들에게 지시를 내렸다. '제3보급창고' 맵에서의 오더로 기억한다.

"철수는 영희와 함께 A로 가고, 민호는 나와 함께 B롱에서 저격한다."

반응은 정말 폭발적이었다. 그 웃음소리가 좋았을까, 나도 어느 순간 내가 할 수 있는 성대모사를 모두 풀어줬다. 지금도 생생하게 기억난다. 시간이 지나 오히려 이름조차 기억 안 나는 그 클랜 동생들 덕에, 지금 내가 이 자리까지 왔고 이러한 책을 쓰고 있는 것이니 정말 신기하다.

어느덧 집에 돌아오신 어머니가 내일 시험이라면서 왜 총을 쏘고 앉아있냐고 물으셨고, 시계를 보니 거의 세 시간 이상을 게임을 했다는 것을 인지한 나는 클랜원들에게 작별을 고하고 컴퓨터를 껐다.

"자, 이제 다시 책을 좀 볼까?"

책이 눈에 들어올 리가 없었다. 눈도 꽤 피로했고 신기했던 점은 귓가에 클랜원들의 웃음소리만 남았다. 그게 그렇게 웃겼을까? 나는 헤드셋 마이크도 있는 김에 윈도우 녹음기로 오늘 내가 했던 성대모사들을 녹음해 봤다. 제법 특징이 잘 담긴 목소리가 나왔고 내가 들어도 꽤 괜찮은 성대모사였다. 소리만 듣기에 밋밋했다. 사진을 같이 넣어 보면 더 몰입감이 생기지 않을까 생각했다. 그래서 네이버로 '영상 편집하는 법'을 검색해서 제법 잘 설명된 블로그 글을 보고 영상 편집을 처음 접하게 되었다.

그 당시 전혀 할 줄도 모르던 어도비 프리미어 1.5를 시험판으로 설치했다. 내가 녹음한 소리 파일과 인터넷에서 찾은 각 연예인 사진으로 매치하여 내 인생 최초의 디지털 콘텐츠를 만들어 보았다.

15명 정도가 나왔는데 뭔가 좀 아쉬웠다. 자신에 대한 평가지만 나는 참으로 괴짜였던 것 같다. 다음 날이 시험인데 그걸 그렇게 녹음하고 편집하고 있었다니 말이다. 이상한 오기가 생겨 20명 정도를 채워보기 위해 나와 목소리 특성이 비슷한 배우들을 연습해 보았다. 속성으로 했는데도 생각보다 퀄리티가 잘 나왔다.

"됐어. 1인 20역이라고 이름을 짓고, 혼자 보기 아까우니 미니홈피에 올려보자."

콘텐츠를 올리고 나서 본 시계의 바늘은 어느덧 새벽 1시를 가리키고 있었다. 그렇게 하고 바로 잠들어서는 안 됐기에, 1 - 2시간 정도 더 공부하고 잠이 들었다. 다음날 1교시 '신호 및 시스템' 시험을 치렀다. 결과가 좋았을 리는 없었고 아마도 재수강을 준비해야 할 것 같았다. 꿀꿀한 마음을 안고 대학 친구와 피시방으로 향했다.

친구와 걷고 있는데 핸드폰이 울렸다. 중학교 동창 녀석이 정말 오랜만에 전화했길래 받아보았다.

"오, 어쩐 일이냐?"

"야, 너는 대학 가서도 너 답게 살고 있구나."

"대뜸 무슨 소리야?"

"뭘 했길래 싸이월드 메인을 장식했어?"

"뭔 말도 안 되는... 내가 메인에 왜 있어?"

"니가 들어가서 봐. 너 이름이랑 미니홈피 있던데?"

친구가 무슨 소리를 하는 건지 도무지 감이 안 와서, 피시방으로 달려가서 싸이월드를 접속했다. 싸이월드 메인 홈페이지 중앙 정도에 '놀라운 인간 복사기 1인 20역 김봉제님'이라는 단어와 함께 내 싸이월드 프로필 사진이 걸려있었다.

"이게 지금 무슨...?"

그날의 수만 명의 투데이(방문자 수)와 수천 개의 방명록을 보고 놀랐던 기억이 생생하다. 많은 응원 글과 감동을 주는 글이 가득했다. 그 수많은 방명록의 글의 힘이 나를 지금까지 이끌었다고 해도 과언이 아니다.

그때부터 알게 되었다. 사람들이 즐거워하는 콘텐츠를 만드는 것은 큰 행복과 보람을 가져다준다는 것을 말이다. 나를 모르는 누군가가, 내 콘텐츠를 보고 웃는다는 사실이 짜릿했다. 내가 만든 무언가가 어떤 사람의 하루에 개입한다는 것. 그건 시험을 잘 봤다는 성취보다 훨씬 더 강한 만족이었다.

'MBC 생방송 화제 집중', 'MBC 팔도모창 대회' 등의 출연 섭외도 왔다. 팔도모창 대회에서는 이례적으로 모창을 하지 않는 참가자로 출연하게 되었고, 등신대 20개를 세워둔 상태에서 '1인 20역' 성대모사를 해 나가며 대회 2등을 수상할 수 있었다.

동네에서 엘레베이터를 탈 때, 버스나 지하철에서, 친구들과 고깃집을 갔을 때, 편의점에 음료수 사러 갔을 때 나를 알아봐 주던 많은 사람들이 기억난다. 연예인이나 유명인이 되고자 콘텐츠를 시작한 것은 아니었지만 사람들에게 웃음을 주고 많은 반응을 이끌어낸다는 것이 짜릿했다.

그러나 그 짜릿함 뒤에 예상치 못한 파도가 몰려왔다. 많은 사람들이 방명록과 싸이월드 쪽지로 1인 20역 2탄을 만들어달라는 요청을 해왔다.

"아 2탄 언제 나와요. 빨리 올려주세요. 현기증 나요."

"설마 한 번만 올리고 끝 아니죠? 기대하겠습니다."

급한 마음에 아직 완성되지 않은 성대모사도 후보군에 올려 영상을 기획했다. 1탄이 1인 20역이었으니 2탄 역시 20역을 해야 맞겠다는 부담감도 가졌던 것 같다. 가족과 친구들에게 간단한 검증을 받고 이번 영상도 괜찮다는 생각을 한 상태로 싸이월드 광장에 1인 20역 2

탄을 업로드했다.

처음에는 반응이 괜찮았다. '아 역시 너무 웃기다', '어떤 것은 안 똑같아서 더 웃기다' 여러 댓글이 달리던 중, 업로드 후 몇 시간 뒤부터 이상한 군중심리를 목격하게 되었다.

'1절만 하지 진짜.'

'하나도 안 똑같네 ㅋㅋㅋ.'

'찾아가서 성대를 뜯어 버리고 싶다.'

'저랑 같이 가요 ㅎㅎ.'

감당 못 할 수준의 악플들이 달리기 시작했고, 방어해주는 팬이 나타나면 '본인이 계정 빌려와서 댓글 다는 거네'라며 조롱했다.

가장 힘들었던 부분은 악플을 본 후의 내 멘탈이 아니라, 그 댓글을 일일이 확인했던 어머니의 모습이었다. 어머니는 1인 20역의 열렬한 팬이자 내 매니저였다. 이튿날 학교에 갔다가 돌아와 내 방문을 열었는데 모니터 앞에서 울고 계신 어머니를 봤을 때의 슬픔은 지금도 또렷하다.

"우리 아들 영상이 얼마나 재밌는데. 아들, 저런 거 다 보지 마!"

어머니는 나에겐 보지 말라고 말하면서도, 혹시라도 여론이 바뀌지 않았을까 기대하며 다시 컴퓨터를 켰다. 그 모습을 보며 너무도 죄송했다.

그 무렵, 악플 문제는 큰 사회적 이슈로 떠올랐다. 꽤 이름있던 여자 연예인 두 명이 악플로 스트레스를 견디지 못하고 죽음을 택했다. 그 기사를 보고 왜 그런 선택을 하는지 알만큼 많이 힘들었다.

꽤 멘탈이 강하다 여겼던 내가, 많이 약하다고 인정하게 되는 시기였다. 억울했다. 그저 재밌게 콘텐츠를 올렸는데 내가 왜 비난과 조롱을 받고, 성대를 뜯길 위협까지 받아야 하는가? 그들은 나를 알지만 나는 그들을 모르는데, 뭐 하는 사람인지 어디에 사는지 이름이 무엇인지... 전혀 모르는 이들에 의해 어머니가 상처받고 내가 우울증에 시달린다는 것이 너무 억울했다.

"급하게 2탄을 만들었으니, 이건 지워버리고 다시 제대로 만들어보자."

시간이 지나 2007년이 되고, 나는 더 독하게 내 콘텐츠를 다듬기 시작했다. 폭포에서 수련하듯이 내가 자신 있는 성대모사와 새로운 성대모사들을 단련했고, 어느 정도 완성이 되면 프리미어를 켜고 목소리를 추가했다.

1탄은 단순히 사진이 자연스럽게 전환됐던 반면에, 1인 20역 2007은 영상에서 인물의 입 모양에 맞게 더빙했고, 오프닝과 자막도 추가해서 기존 퀄리티보다 훨씬 좋은 퀄리티의 속편을 제작했다.

1탄에서의 팬들은 방명록과 쪽지를 통해 많이 응원해 주었다. 그들에게 보답하고자 더 열심히 노력했다. 그렇게 콘텐츠의 묘미를 알아간 것 같다. 제자리에 있지 않고 발전하는 콘텐츠, 기획력 높이기 훈련, 편집 스킬…

그리고 구정이 될 즈음, 나름 내 야심작이었던 '1인 20역 2007'을 업로드했다. 이번에도 악플 세례면 어떡하지 걱정했던 예상과는 달리, 매우 많은 댓글이 달리고 조회 수가 올라가기 시작했다. 그리고 당시 최고의 인기 프로그램이었던 SBS 놀라운 대회 스타킹에서 섭외도 왔다. 싸이월드 쪽지로 받은 그 섭외는 신기하고 기뻤다.

'안녕하세요. SBS 놀라운 대회 스타킹 제작진 ○○○ 작가입니다.'

팔도모창 대회에서 3위를 했던 누나와 커플로 인기 드라마 성대모사 더빙을 하고 1승을 거머쥐기도 했다. '파리의 연인', '천국의 계단', '거침없이 하이킥' 등을 더빙하고 강호동님, 하하님이 탄성을 지르며 안아줬던 생각이 난다.

이후로 나는 콘텐츠를 '만드는 일'을 본격적으로 붙잡게 된다. 싸이월드 UCC 붐을 타며 조회 수가 터졌고, 여러 방송 활동 제안이 들어왔다. '성대모사의 달인'이라는 타이틀로 꽤 얼굴이 알려질 수 있었고, 리포터와 VJ 활동을 병행하면서도 UCC콘텐츠 제작은 멈추지 않았다.

하지만 그 시절엔 지금처럼 콘텐츠로 수익을 낼 수 있는 구조는 없었다. 재미와 반응이 있었지만, 그걸 '일'로 연결하는 '판'은 없었다. '와 진짜 웃기다 정말 잘 만들었다' 그 반응이 끝이었다. 1년 휴학을 결심하고 많은 방송활동과 콘텐츠 제작에 매진했지만, 그게 생계나 진로와는 아무 상관 없는 느낌이었다.

결국 나는 친구들보다 1 - 2년 정도 늦은 군 입대를 했고, 누구나 그러하듯 상병 말 즈음에 내 미래에 대해 고민했다.

'UCC가 밥 먹여주는 것은 아니니, 냉정하게 생각하고 일단 전공 살려서 졸업부터 하자.'

다시 전공을 따라 졸업을 하는 것으로 마음먹고 전역, 복학 후에 열심히 코딩했다. 그런데도 마음 어딘가에서는 여전히 콘텐츠에 대한 애정이 꿈틀거리고 있었다.

졸업을 앞두고 있을 무렵, 내 주변 친구들은 대부분 반도체 회사나 대기업 IT 계열로 진로를 정하고 있었다. 그 길은 분명 안정적이고 보편적인 선택지였지만, 나에겐 어딘가 맞지 않았다. 그래서 나는 탈 IT를 결심했다. 친구들은 나의 독특한 선택을 좀 의아하게 여겼지만, 한편으로는 내 콘텐츠의 팬 이자 시청자로서 나를 응원해 주었다. 그리고 각자 꿈을 이뤄 좋은 회사에 취직했다.

'졸업은 하되, 콘텐츠를 잘 다루는 회사에 취업해서 실전을 배우자.'

당시 콘텐츠를 잘 다루는 회사는 CJ E&M(현재 CJ ENM)이었다. 강력한 방송 채널들과 함께 멋진 콘텐츠를 많이 뽑아내는 미디어 기업. 마침 지상파를 위협하고 참신한 콘텐츠를 통해 인기도가 상승 중이었던 터라 미디어에 대한 꿈을 가진 청년들 다수가 지원했다.

채용 과정은 예상보다도 훨씬 치열했다. 서류나 인·적성은 물론이고, 1차 토론 면접은 꽤 참신하게 구성되어 있었다. 토론 주제가 아직도 명확하게 기억난다.

'국내 최대의 멀티 콤플렉스 운영사와 시공사로 두 개 팀을 나눠서 그 입장으로 서로 논리적으로 토론하라.'

그 안에서 콘텐츠 쪽에 정통하고 말도 잘하는 수많은 지원자와 맞붙었다. 생각보다 나 같은 사람들, 나보다 한 수 위의 사람들이 세상에 많다는 것을 알게 됐다.

누구 하나 쉽게 넘길 수 없는 경쟁자들 틈에서, 말 그대로 실전이었다. 너무 돋보이지도, 너무 묻혀 있지도 않은 적절한 태도를 취하며 나의 토론을 진행해 나갔다. 면접관들은 계속 그 공간을 돌아다니면서 각 지원자의 활약상을 체크하고 종이에 무언가를 적었다.

1차 면접에 합격할 수 있었다. 이른바 취업 뽀개기의 후반부까지 다다르면서 긴장도 됐지만 어쩌면 내가 성공할 수도 있겠다는 기대감도 가졌다. 2차 면접은 다대다 면접이었다. 면접관 세 명과 지원자 네 명이 들어갔다. 순조롭게 진행될 것 같았던 면접은 내 차례에서는 꽤 날카로운 공격이 들어오면서 미묘한 분위기가 흐르게 되었다. 질문 자체는 예상했던 질문이었다.

"김봉제님은 공대생이시네요. 정보통신공학을 전공하고 어떻게 콘텐츠 마케팅을 하죠? 경영학이라도 복수 전공했나요?"

나는 미리 생각했던 논리대로, 그러나 최대한 담담하게 대답했다.

"아니요. 별도로 제가 학습한 것은 없습니다. 하지만 확실한 건 이후의 방송 마케팅에는 분명히 IT도 중요한 축을 차지할 것이라는 점입니다. 입사 후에 선배들에게 방송 마케팅 실무를 배우고 기존의 제 IT 지식을 접목하면 큰 시너지를 낼 수 있다고 생각합니다. 반면에 마케팅만 공부한 사람이 뒤늦게 IT를 공부하는 건 훨씬 더 어렵다고 생각합니다. 그게 제가 가진 경쟁력입니다."

그 말을 마친 이후, 면접관들의 분위기는 확실히 달라졌다. 이전까지 날카롭던 질문들은 이내 쉬운 질문들로 바뀌었고, 나는 그 순간 조심스럽게 생각해 볼 수 있었다.

'합격할 수도 있겠다.'

어머니와 TV를 보고 있던 어느 날 저녁, 앞번호가 02로 시작되는 전화가 왔다. 전혀 생각지 못했지만 그건 CJ 그룹 인사팀의 전화였고, 나는 그 날 합격 통보를 받았다.

당시 아버지 부대 안의 관사에서 살고 있었다. 그 전화를 받고 어머니와 춤추고 있을 때, 마침 아버지도 퇴근하고 집에 들어오셨다. 꽤 엄하셨던 우리 아버지가 그렇게 활짝 웃으실 수 있다는 것에 놀랐다. 아버지, 어머니를 번갈아 가며 업어드리고 마당을 돌았던 생각이 난다.

정확히 무슨 일인지는 몰랐지만 가족이 행복하다는 분위기를 알고 함께 마당을 뛰고 신나게 짖었던 우리 집 진돗개 '빼꼼이'도 생각이 난다.

그룹 신입 사원 연수를 마치고, 계열사 교육도 받은 나는 인사팀과 직무 배정을 위한 면담을 하게 되었다. tvN, 엠넷, OCN, 슈퍼액션, 온스타일 등과 같은 방송 채널의 마케팅 업무를 기대하며 입사 지원서를 냈다.

하지만 예상과 달리 내가 배정된 곳은, 디지털 콘텐츠를 담당하는 INSITE TV라는 조직이었다. 그때, INSITE TV는 CJ 내부에서도 낯선 존재였다. 조직 내에서도 '그게 뭐 하는 데야?'라는 반응이 나올 정도였다. 사실 나조차도 그 채널은 들어본 적이 없었다.

당시 디지털 콘텐츠 시장에는 INSITE TV 외에도 MBC의 손바닥 TV 같은 실험적인 채널들이 존재했다. 지금 생각해 보면, 두 채널 모두 시대를 너무 앞서 있었던 것 같다. 지금 같은 플랫폼 환경 속에 자리를 잡았더라면, 아마 구독자 수백만을 보유한 메가 채널로 성장했을지도 모른다.

이후에 알게 된 바로는, 디지털 콘텐츠에 대한 조직 차원의 실험지대였다. 처음에는 많이 혼란스러웠다. 방송국처럼 정제된 구조도 없고, 마케팅 자산도 부족했고, 무엇보다 회사 안에서도 우리를 잘 모르는 분위기였다. 하지만 곧 깨닫게 되었다.

'레거시가 아니기 때문에 오히려 이 판에서 새로운 경험을 할 수도 있겠구나.'

콘텐츠를 만드는 방식도, 전파하는 방식도 전혀 달랐지만 무엇이든지 시도할 수 있는 자유가 있었다. '실패'라는 말조차도 무의미할 정도로 일단 만들어보는 게 우선이었다.

우리 팀은 정말 별의별 실험을 다 했다. 토론 형식 예능, 사회실험 콘텐츠, 무편집 도전기, 강의 콘텐츠… 무한한 장르의 혼합 속에서 생기는 작은 반응을 보며, 감각을 쌓았다.

지금으로 치면 굉장히 적은 조회 수였는데, 조회 수가 올라갈 때마다 모두 기뻐했다. 감각은 있는데 구조는 없는 시기였다. 재밌는 걸 만들어도, 조회 수가 더러 잘 나와도 그게 큰 의미는 없었다. 애드센스 수익이 많이 나는 것도 아니었고 브랜드가 크게 반응하지도 않았다.

우리는 자주 말했다.

"이렇게까지 만들고 꽤 터지는 콘텐츠도 있는데, 왜 광고주의 반응은 별로 없을까? 여전히 방송 채널만 중요하게 여겨서 그런 것일까?"

그때 깨달은 건 하나였다. 콘텐츠를 만드는 것과 그걸 '살리는 것'은 완전히 다르다. 조회 수, 댓글, 좋아요 수 등 이런 것만으로는 콘텐츠가 구조적으로 살아남지 못한다는 걸 절실히 느꼈다. 우리가 실패했던 이유는 유통의 구조가 다져지지 않았고 수익 연계가 없었으며 플랫폼이 대응하지 않았기 때문이다. 그때부터 조금씩 깊은 생각을 하게 되었다.

'어떤 구조가 팀을 생존하게 할까? 어떤 구조가 내 커리어를 키워줄까? 아직 연차가 많이 어리니 잘 배워가면서 그 구조를 만드는 사람이 되어보자.'

수많은 실험을 통한 콘텐츠가 탄탄한 구조로 완성되지 못하면 모두 사라진다는 걸, 그 시절 INSITE TV는 몸소 보여줬다.

하지만 아무리 실험과 시도를 즐겼다 해도, 현실은 현실이었다. 내가 처음으로 '현타'가 오게 된 건, 대학 친구들을 다시 만났을 때였다. 제조업, IT 대기업에 들어간 친구들은 이미 연봉이 내가 받는 금액보다 비교할 수 없을 정도로 높았고, 그걸 과시하거나 뽐내진 않았지만, 나는 대화 자체에 껴들 수가 없었다. 연봉이 복리 개념으로 간다는 게 무엇인지도 잘 모를 때였지만, 그 간극은 실감이 났다.

'이대로 가다가, 너무 뒤처지게 되면 어쩌지?'

두 번째 현타는 입사 동기들과의 비교에서 왔다. 같은 CJ ENM이지만 어떤 동기는 파리 패션위크로, 어떤 동기는 LA로 출장을 다녀왔다. 영화 마케팅을 하는 동기는 블록버스터 촬영장을 다녀오기도 했다. 누구도 자랑을 한 건 아니지만, 그 얘기를 듣고 있는 나는 이 조직 안에서도 '비주류'라는 인식이 점점 뚜렷해졌다.

'이런 거라면 나도 IT를 택했어야 할까?'

'이 커리어는 나에게 맞는 길일까?'

그 질문은 매일같이 머릿속을 맴돌았다. 그래서 나는 다음 질문을 꺼내기 시작했다.

'내가 PD가 아니더라도 콘텐츠 제작에 관여하고 수익을 창출할 수 있는 방법은 무엇일까?'

그 질문은 나를 이 책의 다음 장으로 이끌게 된다. 그리고 그 질문이, 이후 10년간 내가 콘텐츠 산업 안에서 짜온 '판'의 원형이 되었다.

> ***판의 조각들 #1**
>
> 모든 주류는, 처음에 비주류였다. 주류에서 경쟁하기보다는 비주류의 판에서 연습하거나, 비주류를 주류로 만들기까지의 인내심이 필요하다. 그 인고의 시간 후에는 주류의 핵심 요소가 될 수 있다.

MCN이라는 이름조차 없던 시절

실험의 현장화

INSITE TV에 대한 회사 내부의 고민이 강해질 무렵, 나는 입사 1년 만에 새로운 부서로의 발령을 앞두고 있었다. 정확하게 말하면 조직을 줄여야 해서 누군가는 부서를 이동해야 했고, 내가 낙점되었다. 팀장님이 어느 날 회의실로 나를 불렀다. 사무실 한복판에 유리 공간으로 여러 개가 있어서 누가 들어갔는지는 알지만, 대화 내용을 듣기는 어려운 그런 회의실이었다.

그다지 좋지 않은 공기와 분위기 속에서 팀장님이 잠시 침묵하다가 입을 열었다.

"디지털 콘텐츠 쪽으로 회사가 신사업을 해본다는데 우리 팀에서도 차출이 필요해. 봉제가 거기에 제격일 것 같은데, 봉제 생각은 어때?"

신입 사원으로서 딱히 선택지는 없었고, 그래서 별다른 불만 없이 수용했다. 한편으로는 기대도 됐다.

"아 네. 저는 여기가 많이 좋긴 하지만, 좋은 기회라고 생각합니다. 회사가 하라는 대로 잘 따르겠습니다."

팀장님은 약간의 미소를 지으며 다시 결과를 알려주겠다고 했다. 그 미소는 한편으로는 '아 그래도 얘가 간다고 해서 다행이다'에 대한 미소로 보여졌다. 실제로 다른 구성원들은 안도의 한숨을 내쉬었다. 물론 나중엔 그게 부러움으로 바뀌었지만. 예상대로 빠르게 '스마트미디어 사업본부'로 발령이 났다. 당시에 나는 그냥 '회사에서 하란 대로 옮긴 김 아무개 씨'였다.

그런데 참 공교롭게도, 조직이동을 하자마자 입사 3일 차에 본부 워크숍이 있었다. 무려 200명 규모의 본부 전체가 1박 2일로 떠나는 일정이었다. 처음엔 솔직히 갈지 말지 고민했다. 조직도, 사람도 전혀 모르는 상황에서 낯가림을 무기로 삼기도 애매했고, 또 괜히 나댔다가 많은 사람에게 찍힐 수도 있었으니까. 하지만 결국 워크숍에 참여하게 되었다. 안 가는 것이 좋은 선택은 아니었기 때문이다.

워크숍 첫날 저녁, 회식 자리에서 소소한 이벤트가 열렸다. 각자 자신의 이름을 종이에 적어 추첨함에 넣고 사회자가 이름을 뽑으면, 뽑힌 사람은 자신 있는 개인기를 보여주고 사람들 반응이 좋으면 상품을 가져가는 구조였다. 나는 딱히 뭐 하겠다는 생각도 없이, 그냥 조용히 앉아있었다. 온 지 3일 된 사람에게는 아무것도 기대되지 않으니까. 그게 상식적인 선택이기도 했다.

그런데 내 맞은편에 앉아있던 한 여자 부장님이 자꾸 나를 빤히 바라봤다. 지금도 그 표정을 잊을 수가 없다. 나를 뚫어지게 쳐다보더니, 테이블 사람들에게 말했다.

"아, 이상하네. 뭔가 느낌이 있어. 저 눈빛... 눈에 똘끼가 있는데?"

"와, 부장님 대박이십니다. 맞아요, 얘 또라이에요."

INSITE TV 제작팀에서 차출되어 온 PD 선배가 나에게 무대를 만들어 주었다. 그 말이 떨어지자마자 부장님은 주변 테이블에 이렇게 말했다.

"자, 우리 테이블은 무조건 이름을 김봉제라고 써요. 그 똘끼 좀 보고 싶다. 여러분도 보고 싶지 않나요?"

테이블 사람들은 아마도 강압 반, 기대 반으로 내 이름을 적었던 것 같다. 이름은 계속 추첨이 됐고, 몇 번의 뽑기 끝에 결국 사회자가 외쳤다.

"김봉제님? 누구시죠? 아 이번에 새로 오신 분 이신가요?"

순간 온 시선이 내게 쏠렸다. 이제는 도망칠 수 없었다. 아니, 정확히는 나에게 기회가 찾아왔다. 익숙한 흐름으로 자리에서 일어나 앞으로 나갔다. 그리고 준비한 것도 없이 즉석에서, 그때 가장 자신 있었던 성대모사를 시작했다.

유명인의 톤으로 본부 직원들을 위한 맞춤형 각색을 추가해, 한순간에 분위기를 압도했다. 그날 박수갈채와 함께 상품권을 받았고, 무엇보다 많은 사람에게 '김봉제'라는 이름을 남길 수 있었다. 할아버지가 지어 주신 이 외우기 쉬운 특이한 이름이 빛을 발하는 순간이기도 했다.

그 워크숍 이후, 다음 주 월요일의 출근은 달랐다. 수많은 사람이 나를 먼저 알아보며 인사를 건넸다. 그리고 그중엔, 지금의 아내도 있었다. 본부 워크숍 이후로 조금씩 친화력을 다졌고, 그 인연은 지금까지 이어졌다.

돌이켜 보면 나답게, 나의 방식대로, 낯선 환경에 입장한 첫판에서 무대 위에 서게 된 셈이었다. 남들보다 뒤늦게 본부에 도착했지만, 남들과는 다른 방식으로 존재감을 남길 수 있었던 그 첫 1주는, 지금 생각해도 참 재밌는 시작이었다. 그 덕에 다음 판에서의 시작은 꽤 부드러울 수 있었다. 이것이 2012년 말의 일이었다. 정식 팀도 아니고,

정해진 목표도 없는 임시 조직. '신성장 TF'라는 조직으로 발령받게 되었다.

우리 TF는 그냥 이름만 존재하는 일종의 사내 실험실 같았다. 이름은 생겼지만 정해진 업무는 없었다. 우리는 그냥 '뭔가 시작하는 사람들'이었다. 그 시절 우리는, 단순히 '자율적인 조직' 그 이상이었다. 회사의 '님 문화' 때문만은 아니었다. 그 조직 안에는, 서로가 더 자유롭게 성장할 수 있도록 서로를 배려하고 존중하는 기류가 분명 존재했다.

직급이나 연차로 누르는 분위기 없이, 서로의 기획을 경청하고, 조언하며, 때로는 밤새 아이디어를 갈아 넣었다. 외부에서 보면 '저게 직장이냐' 싶을 정도로 자유분방했지만, 우리는 그 자유 덕분에 더 많은 것을 실험하고 실행할 수 있었다. 아마 그 시절이 있었기에, 지금 우리가 모두 각자의 길에서 콘텐츠를 다루는 전문가로 살아남을 수 있었던 것 아닐까 생각한다.

구성원은 단 네 명. 사원 2명, 대리 1명, 팀장 1명. 직급은 있었지만, 모두가 직접 기획하고 끊임없이 회의하고 토론했다. 규정, 가이드, 도구 모두 없었다. 그리고 그 불확실성이 오히려 우리에겐 기회였다.

매일, 매주 회의를 열었지만 그 회의에는 기획안도, KPI도, PPT도 없었다. 대신 전부가 자기 감각에 맞는 새로운 사업모델이나 콘텐츠를 공유했고, 그걸 왜 좋다고 느꼈는지, 어떤 흐름에서 이 사람이 성장할 것 같은지를 설명했다. 그건 평가가 아니라 공감 훈련이었고, 회의라기보다는 '감각을 맞추는 연습'에 가까운 시간이었다.

그즈음, 우리는 외부에서 일어나는 또 다른 변화를 감지하고 있었다. 미국에서는 이미 'Multi Channel Network'라는 구조가 태동하고 있었다. 풀스크린, 콜랩, 메이커스튜디오스, 어썸니스TV 등, 지금의 한국 MCN을 모두 합쳐도 당시 이들보다 규모가 작다.

수만 개의 유튜브 채널을 묶고, 브랜드, 광고, 플랫폼 최적화, 굿즈 판매까지 하나의 생태계를 설계하며 빠르게 팽창하고 있었다. TV를 대체하진 못했지만, 젊은 세대의 콘텐츠 소비 습관은 분명히 바뀌고 있었다. 우리는 말 그대로, 그림자처럼 성장하는 새로운 미디어 산업을 보고 있었다. 그 무렵, 유튜브 코리아가 회사에 제안했다.

"한국에서의 MCN, CJ가 시작해 보시는 게 어떨까요?"

유튜브는 알고 있었다. 플랫폼만으로는 크리에이터를 관리하거나 확장할 수 없다는 것을. 그 사이를 매개할 새로운 조직이 필요하다는 것을 말이다. 그리고 그 실험 대상이 우리였다.

2013년 7월, 신성장 TF가 새로운 내부 브랜드를 만들었다. 정식 명칭은 '크리에이터 그룹(Creator Group)'. 참신하지도 않고, 매우 기본에 충실한 이름이었다. 'MCN'이라는 단어와 쌍벽을 이룬다고 해야 할까. 그 크리에이터 그룹이 바로 DIA TV의 전신이었다.

그 시점에 한 가지를 실험해 보고 싶었다. 크리에이터 그룹에 걸맞은 크리에이터 DNA를 발동해 보자. 돈 한 푼 들이지 않고도 마케팅이 가능할까? 이 질문을 머릿속에 품고, 팀장님께 말했다.

"팀장님, 저한테 단 이틀만 주시면, 재밌는 콘텐츠 하나 만들어보겠습니다."

"너는 독특한 놈이니 그렇게 말하는 데에는 이유가 있겠지. 그래, 어디 한번 이틀간 열심히 해 봐!"

팀장님은 웃으면서 내 어깨를 치며 흔쾌히 허락해주었다. 그렇게 만든 콘텐츠가 바로 〈서울열차〉였다. CJ ENM이 개봉 중이던 영화 〈설국열차〉를 패러디해 서울 지하철 냉방칸과 약냉방칸의 온도 차이를 유머러스하게, 그러나 드라마틱하게 편집해 만든 영상이었다. 이틀 동안 거의 잠도 안 자고 편집에 매달렸다.

| 디지털 감각을 키워준 콘텐츠, 서울열차 |

결과는 기대 이상이었다. 2013년 당시에 46만의 조회 수를 기록하고 SNS로 급속 확산되었고, 각종 커뮤니티 인기글에서 서울열차가 소개되었다. 사내 영화 부문에서도 연락이 올 정도였다. 영화 부문의 담당자 ○○○라고 메일을 보낸 것을 보고, 사내 메신저에서 이름을 찾아 메시지를 보냈다.

"안녕하세요. 신성장 TF 김봉제입니다. 똘끼엔터테인먼트로 메일 주신 것 보고 회신드립니다. 그거 제가 만들었습니다. 하하."

"헉, 진짜 김봉제님이 만든 거예요? 농담이시죠? 아니면 같이 만드신 분들이 있는 건가요?"

믿지 못하는 담당자에게 나는 프리미어 편집파일 스크린샷을 보냈다. 그제야 수긍하는 분위기였다. 그 반응은 단순한 바이럴 성공이 아니었다. 내부에서 '디지털 콘텐츠'가 비로소 무언가로 인정받은 최초의 순간이었다.

서울열차는 SBS와 YTN을 포함해 100개가 넘는 뉴스 매체에서 다뤄졌다. 당시 CJ ENM 내부에서조차 '디지털 콘텐츠가 이렇게까지 주목받을 수 있다'는 걸 처음으로 체감한 순간이었다.

다만 이것은 내가 '제작자'로서 만든 콘텐츠는 아니었다. 카메라를 든 것도, 현장을 누빈 것도 아니었다. 개봉 중이던 영화 설국열차의 장면들과, 여름철 지하철 냉방 칸과 약냉방 칸이라는 모두가 체감할 수 있는 일상의 대비를 단순한 교차편집으로 엮었을 뿐이다.

누군가에겐 '가벼운 짜깁기'로 보였을 수도 있다. 하지만 그건 분명 나에게는 '1인 20역'에 이은 두 번째 실험이었다. 단지 '재미있는 걸 만들겠다'는 욕심이 아니었다. 나는 그때 디지털 콘텐츠가 실제로 대중의 감각을 어떻게 건드릴 수 있는지를 보고 싶었다. 제작자가 아니라, 실험자로서의 감각이었다.

그 여름은 유난히 더웠고, 설국열차는 영화관을 꽉 채우고 있었다. '계급과 구획'이라는 메시지를 직관적으로 전달하던 그 영화의 구조는, 우연히도 그 시절 지하철 안의 풍경과 닮아 있었다. 차가운 냉방 칸과 후덥지근한 약냉방 칸. 어떤 칸에 타느냐에 따라 하루의 기분이 갈리는 사소하지만 확실한 체감. 그 두 세계를 단순히 맞물렸을 뿐인데 사람들은 웃었고, 공감했고, 공유했다.

바로 그게 내가 원했던 반응이었다. 제작비, 마케팅비라고는 나의 2일 인건비였으니까. 편집 프로그램만으로 사람들의 감정을 유도할 수 있다는 것. 누군가의 기억과 오늘을 엮어버릴 수 있다는 것. 그건 내게 '이것 또한 콘텐츠구나'라는 감각을 불러일으켰다.

서울열차는 대박을 노린 게 아니었다. '이런 방식도 먹히려나?'를 직접 해 보는 감각 실험이었다. 실패를 피하려 애쓰지 않았고, 오히려 성공이 아니라 '감'으로 움직이는 방식이 가능하다는 걸 확인하려 했다.

돌이켜보면 그게 우리가 가장 치열하게 일했던 이유였고 동시에 가장 자유로웠던 이유였다. 내가 서울열차 제작에 집중하고 마케팅에 신경 쓰고 있을 때, 다른 멤버들은 꾸준히 채널을 탐색하고 우리 조직의 기틀을 갖추고자 노력했다. 신성장 TF가 내부에 좀 더 알려진 후 우리는 본격적으로 한국형 MCN 사업에 매진했다.

조회 수는 엑셀에, 댓글은 회의자료에 복사하고, 썸네일은 스크린샷으로 남겼다. 유튜브 채널이 아니더라도, 아프리카 BJ나 파워 블로거는 가능성만 보이면 리스트에 넣었다. AI 분석도 없고, 자동화 툴도 없었다. 그저 손으로, 눈으로, 감각으로 모든 걸 만들었다. 우리의 영입 제안에 크리에이터가 응하면, 그들이 편한 곳으로 달려가 티타임을 가졌다. 10팀이 넘을 때, 20팀이 넘을 때마다 너무 뿌듯했다. 그러면서도 그때 우리 팀이 자주 나눈 말이 있다.

"이게 진짜 산업이 될 수 있을까?"

"우리가 만드는 이 네트워크가 구조가 될 수 있을까?"

"브랜드와 크리에이터가 정말 파트너가 될 수 있을까?"

답은 없었지만, 믿음은 있었다.

그즈음, 우리에게 중요한 크리에이터였던 양띵이 유튜브 팬페스트를 초청받아 뉴욕에 갈 일이 있었다. 매니저 역할과 더불어 카메라로 현장을 찍고 편집해야 했기에, 제작/편집이 가능한 나와 다른 동기가 갈 수 있었다. 직장인으로서의 해외 경험은 처음이었다. 뉴욕으로 6박 7일 출장을 간다니, 스스로 뿌듯했고 주변에서도 부러워했다.

들뜬 마음도 있었지만, 그보다 '지금 이 변화의 한가운데에 서 있다는 기쁨'이 강하게 몰려왔다. 그리고 그 뉴욕 출장에서, 나는 한 명의 크리에이터를 만났다.

그 이름은 Casey Neistat. 그때는 지금처럼 슈퍼스타가 아니었다. 구독자 수는 10 - 20만 명 수준이었고, 영상 스타일도 지금처럼 정형화되기 전이었다. 한국에서 MCN 비즈니스를 시작하게 됐다는 내

말을 듣고 그는 마치 선배가 후배에게 친절하게 알려주듯이 유튜브는 어떤 플랫폼이고 어떤 가능성이 있는지를 설명해주었다.

그리고 자신의 작업실도 구경시켜주고 싶다고 했다. 그의 작업실에 들어선 순간, 이 사람이 왜 특별한지를 직감적으로 느꼈다. Casey는 자신이 유튜브를 얼마나 사랑하는지 이야기했다. 편집 리듬, 영상 흐름, 대사와 표정 하나하나에 얼마나 애정을 쏟는지, 그 모든 설명이 하나의 철학처럼 들렸다. 그는 단순한 '브이로그 크리에이터'나 '영화감독'이 아니라, 영상이라는 언어로 자신의 삶을 설계하는 사람이었다.

그의 말을 들으며 느꼈다. 자신의 업을 사랑하는 게 느껴졌고, 자신감이 있었다. 그건 '유명해지고 싶다'는 종류의 욕망이 아니라, 콘텐츠를 사랑하고 유튜브를 통해 영향력을 펼칠 수 있다는 확신에 가까웠다. 그리고 그는 실제로 그 확신을 현실로 만들어갔다. 이후에 전 세계에서 인플루언서 마케팅 성공사례로 손꼽힐 만한 '에미레이트 항공 퍼스트클래스 콘텐츠'를 보고 '역시 보통 사람이 아니었구나' 생각했다.

훌륭한 크리에이터가 될 Casey Neistat과의 만남, 그리고 이제 막 한국 MCN의 포문을 열고 메가 크리에이터로 성장하는 양띵과의 출장에서 많은 것을 배울 수 있었다.

우리는 진정성을 가지고 MCN 사업에 임했다. 우리의 감각이 차츰 구조가 되는 순간을 직접 실험하고 있었다. 누군가 만들지 않은 구조를 새롭게 우리 방식으로 설계한다는 것은 쉬운 일은 아니었다. 하지만 우리가 하나하나 쌓아가는 벽돌로 하나의 공간이 만들어지고 있는 것을 볼 때마다, 우리의 다음 종착지는 무엇인지 기대가 됐다.

인지도가 제법 있었던 크리에이터들이 합류하면서 우리 조직은 점점 사람도 늘어나고 TF가 아닌 정식 팀이 되었다. 'MCN 사업팀'. 직관적이고 쉬운 이름이었다.

> ***판의 조각들 #2**
> —
> 적어도 콘텐츠를 실험하기 위해서는 그 결과를 두려워해서는 안 된다. 또한 그 결과가 '조회 수'나 '시청 시간', '구독자 상승', '수익'과 같은 수치만이 되어서도 안 된다. 그 모든 것이 제로라 할지라도, 다음 결과물의 빌드업을 위한 경험이 제로가 될 수 없기 때문이다.

# 작은 조직에서 짠 첫 구조

관계 만들기

Creator Group이 만들어졌을 당시, 우리는 그냥 열심히 움직였다. 목표도, 기준도, 공식도 없었다. 직급은 있었지만 모두 실무자였고, 매일 직접 채널을 뒤적이고, 구글에서 검색해가며 영입 대상을 탐색했다.

우리는 통합 구글 시트를 만들어 각자 조사한 채널을 기록했다. 채널 링크, 구독자 수, 카테고리, 그리고 눈에 띄는 특이사항까지.

'편집이 좀 거칠지만 캐릭터 센스 있음.'

'주기가 불규칙하지만 조회 수 대비 댓글 반응이 활발.'

'비호감인데 묘하게 중독감 있음.'

이런 문장들을 비고에 자유롭게 써 두었다. 그 시트는 하루에도 수십 줄씩 늘어났고, 서로 내용을 보며 크로스체크했다.

"어, 이 채널 어제 저도 봤어요. 찾으셨군요."

"이 사람, 우리 톤이랑 맞을까요? 광고 가능성은 좀 낮은데…"

"컨택 한번 해 보죠. 제가 메일 써보겠습니다."

그렇게 실시간 팀플레이가 이루어졌다. 메일도 정제된 양식이 없었다. 각자 말투대로 썼고, 다만 우리가 CJ ENM이고 회사의 강점이 무엇인지에 대해서는 통일해서 썼다. 그 문장이 우리가 가진 유일한 브랜드 자산이었다.

생각보다도 빠르게 자리잡을 수 있었던 것은, MCN을 가장 먼저 시작했기 때문도 있지만, 우리가 미디어 '대기업'에 소속되어 있다는 이유가 컸다. 초창기의 영입은 우리가 하고자 하는 바나 Multi Channel Network에 대한 설명으로 설득되기보다는 Mnet, tvN, 온스타일, 온게임넷 등 수십 개의 채널을 가진 회사 안에 자신이 소속된다는 그 자체에 열광하고 오는 크리에이터들도 많았기 때문이다.

크리에이터와의 접점은 그렇게 생겨났다. 그들이 우리에게 신뢰를 가졌던 이유는 대기업 네임 밸류 이외에도 우리 메일에 담긴 '진심의 온도'도 있었다고 믿는다. 영입은 시작했는데 정해진 전략은 약했다. 광고 상품이 없었고, 크리에이터 계약서도 매번 새로 만들었다.

아직 많이 서툰 계약 내용이었다. 선례가 있으면 찾아볼텐데 선례란 없었고, 해외 계약을 벤치마킹하기에는 한국적이지 않은 요소가 많았다. 분명히 법무팀의 법무검토를 받고 계약이 이루어졌음에도 주기적으로 내용을 추가하고 업데이트해야만 했다. 당시 법무팀 담당자도 되게 어려워했던 것으로 기억한다. 우리는 모두 새로운 표준을 정해야만 했기 때문이다. 일반적인 연예인 계약서처럼 가기에는 너무 무거웠고, 그렇다고 단순 출연자 계약서처럼 하기에는 약점이 많았다.

우리는 점점 감각을 감지하고, 판단하고, 관찰하는 법을 익혀갔다. 누가 '될 사람'인지는 말로 설명할 수 없었지만, '이 사람 느낌 온다'는 말엔 다들 고개를 끄덕였다. 우리는 그 촉을 믿었고, 자주 맞았다. 최적의 매칭은 그 촉이 왔던 크리에이터가 먼저 우리 회사를 알고 반겨주는 것이었다.

"와, 저 슈퍼스타K 완전 팬인데요. 엠넷 말고도 다른 채널들이 다 여기 것이라고요?"

물론, 영입의 과정에서 실패한 케이스도 있었다. 인지도가 꽤 높은 셀럽에게 유튜브 채널을 개설하도록 설득하고, 계약까지 진행했던 적이 있었다. 또 한 번은, 콘텐츠 제작 역량이 있어 보이는 법인과 협업을 시도했지만 결과는 기대 이하였다.

어떤 경우는, 우리 팀의 판단이나 감각과는 별개로, 더 윗선의 '추천'으로 계약이 이뤄지기도 했다.

"내 아는 대표님이 소개해 준 분인데, 크리에이터로서는 아직 초보적이지만 꽤 인지도도 있고, 우리 안에 소속되면 나쁠 게 없을 것 같아. 연락하고 만나 봐."

지금 생각하면 당연한 일이다. 그 시절 우리는 기준이 없었고, 검증할 시스템도 없었다. 단지 잘될 것 같다는 감각, 가능성이 보인다는 믿음으로 시작한 관계들이었다.

하지만 콘텐츠는 의지로 굴러가지 않았다. 채널은 빠르게 멈췄고, 법인 파트너들은 돌아오지 않았고, 셀럽은 크리에이터가 아니었으므로 유튜브라는 포맷에 진입조차 어려워했다. 어쩌면 우리가 놓쳤던 건 이 공간이 누구나 들어올 수 있지만, 누구나 살아남을 수는 없는 곳이라는 본질이었다.

계약을 '관계'라 할 수 없었다. 진짜 매니지먼트는 기대와 현실 사이에서 감정을 설계하는 일이었고, 그건 단순한 수치나 이력으로는 예측되지 않았다. 실패는 금방 잊혔지만, 그 실패들에서 팀 내부에 어떤 긴장과 학습이 생겼는지 지금도 생생히 기억한다.

무리한 계약이 가져오는 조직 내 리스크, 크리에이터와의 기대치 불일치, 그리고 실무자들이 겪는 책임감의 무게까지. 그런 순간들이 쌓이면서 우리는 누군가를 발굴한다는 것이 아니라, 함께 갈 수 있을지를 판단하는 감각을 익히기 시작했다. 그건 단순히 성장의 증거가 아니라, 신뢰를 감각적으로 판단하는 기술이었다.

여전히 시장의 크리에이터 수는 부족했다. 그래서 우리는 공모전을 통해 크리에이터를 찾기로 했다. 다행히 당시 정부에서도 1인 크리에이터에 관심을 가지고 한국의 MCN 비즈니스에 힘을 실어주었다. 미래창조과학부와 전파진흥협회(RAPA)와 함께 '글로벌 창의 콘텐츠 공모전'을 진행하여 좋은 성과도 냈다. 꽤 괜찮은 기관사업 프로젝트를 해 내면서 우리 팀의 레퍼런스가 쌓였고, 찾지 못했던 새로운 크리에이터이자 원석들을 공모전 입상자들 속에서 찾아낼 수 있었다.

그렇게 하나둘 영입한 크리에이터들과 썸네일을 함께 고르고, 영상 주제를 의논하고, 콘텐츠가 올라오면 댓글 반응을 같이 분석하고, 좋은 광고가 들어오면 같이 기획서도 짰다. 처음에는 게임, 뷰티, 푸드가 강세였던 한국의 유튜브 시장이 매일, 아니 매시간 확장되어 가는 게 느껴졌다. 유사한 콘텐츠와 채널들도 생겨나기 시작했고, 그 채널은 각자의 색에 맞춰서 자신의 채널을 가꿔 나가기 시작했다.

그때 우리가 거의 일간, 주간마다 수시로 업데이트했던 구글 시트가 생각난다. 채널명, 카테고리, 구독자 수, 콘텐츠 수, 누적 조회 수 등을 쭉 나열하고 합산한 데이터를 상위에 두고 증감량과 증감률까지 놓았던 그 시트. 얼마나 많이 봤으면 그 잔상이 남아있고, 누가 지금 시킨다면 기억을 되살려서 제법 유사하게 만들 수 있다.

그게 무슨 의미가 있는지 모르겠는데, 아마도 내가 제일 그 수치에 신경을 많이 썼던 것 같다. 매일 각 크리에이터의 변화한 수치를 기록하고 데이터를 업데이트했다. F5 새로고침 버튼을 누르면서 각 수치가 업데이트 되기를 기다렸던 적도 있다. 우리는 관리하는 그 숫자가 일정 수치에 도달했을 때 서로 기쁜 소식을 알렸다.

"우리 드디어 채널 수가 200개를 돌파했습니다."

"아, 회사 내부 방송 채널 빼면 아직 176개입니다."

"○○○ 님, 누적 조회 수 1억 뷰입니다."

"와아아~."

정말 웃기지만 당시에 그러한 모니터링과 리액션이 우리의 원동력이었던 것 같기도 하다. 그렇게 하나하나 늘어갔던 조회 수, 구독자, 채널 수는 당연히 각 카테고리의 발전을 의미하기도 했다.

푸드도 그냥 푸드가 아니라 요리, 먹방, 건강 등으로 확장이 됐고 엔터 카테고리도 음악, 코미디, 몰래카메라, ASMR, 브이로그 등으로 세분화되기 시작했다.

그리고 하나둘 합류한 멤버들은 각자 자기가 좋아하고 전문성을 가질 수 있는 카테고리 중심으로 영입과 활성화에 주력했다. 팀장님을 제외한 세 멤버 중 대리 선배 하나는 사업을 총괄하는 파트장, 동기와 나는 각각 엔터와 뷰티를 맡았다. 초기에 합류한 음악 쪽에 일가견이 있는 다른 대리 선배는 뮤직을 담당했다. 새로 합류한 후배들은 푸드와 키즈, 게임을 맡았다. 누구도 '이걸 왜 제가 담당해요?'라고 하지 않고 주어진 카테고리에 열정을 가지고 최선을 다했다.

다만, 나는 이례적이긴 했다. 뷰티 제품을 사용해 보거나 좋아할 리는 없었지만 내가 성장할 수 있는 좋은 카테고리라 판단했다. 뷰티 트렌드를 읽고 학습하는 것이 좋았다. 그래서 계속 불만없이 뷰티를 맡았던 것 같다. 또한 브랜디드 콘텐츠에서는 가장 활성화된 카테고리였던지라 좋은 경험이 되었다.

그때는 별다른 생각이 없었는데, 지금 보니 흥미로운 지점은 각자가 담당하는 카테고리가 조금씩 확장되고 크리에이터 수가 많아질 때쯤에는 어느덧 개인화되고, 직급에 상관없이 각자가 PM처럼 업무를 진행하게 된 점이다.

예컨대 뷰티 크리에이터를 담당하고 있는 내가, 게임 카테고리 크리에이터들의 콘텐츠를 이해하고 그들에게 방향성을 제시하기란 어려웠다. 내가 당시 마인크래프트나 롤을 잘했던 것이 아니었기 때문이다. 특정 카테고리에 머물러서 업무를 진행한다는 점, 이건 지금의 MCN 매니지먼트 시스템과는 거리가 멀었다. 오히려 '현장에서 관계를 만들어가는 감각자들의 자발적 조율'에 가까웠다. 여전히 그들을 케어하고 그들의 콘텐츠를 보면서 솔직한 피드백을 줘야 했다.

계약보다는 관계가 먼저였고, 시스템보다는 함께 있다는 감정이 먼저였다. 나중에서야 알게 됐다. 그 시절 우리가 만든 건 정교한 구조는 여전히 아니었지만, 사람을 붙잡기 위한 '태도'와 '방식'에 대해서는 제법 기틀을 갖춰갔다.

그리고 관계에 대한 설계를 크리에이터와의 관계에 대해서만 집중했던 것 같다. 이제 갓 만들어진 부서에서 부서원 간의 관계가 형성되어야 했는데 그러지 못했다. 각자가 '내 코가 석 자'였다. 누구를 탓할 생각은 없다. 어쩌면 나를 탓해야 할지도 모른다. 왜냐하면 그 당시에 우리 팀의 얕은 관계에 대해 나도 깊게 생각하지는 않았으니까. 어쩌면, 내가 크리에이터였기 때문에 오만을 가졌던 것 부분도 있었던 것 같다.

'내가 그래도 명색이 UCC 크리에이터 출신인데, 이 시장을 제일 잘 알지 않을까? 다른 사람과는 잘 안 통하겠지?'

그걸 동료들에게 이야기하거나 내색하지는 않았지만 적어도 속으로는 그렇게 생각했던 모양이다. 내가 유튜브 크리에이터로서의 선배도 아니고, 디지털 마케팅의 정도를 걸어왔던 것은 더욱 아니며, 앞서 말했듯이 각 카테고리를 다 잘 알고 경험이 풍부함도 아니었는데 말이다.

우리는 담당자이기 이전에 평가를 받는 직장인들이었다. 그래서 서로 간의 관계를 형성하고 크리에이터와의 관계에 집중하기보다는 표면적인 성과와 평가의 상관관계에 대해서만 신경쓰고 있었다.

그게 가장 원형적인 구조의 시작이었다. 그 원형적이지만 불완전한 구조로 우리는 조금씩 성장을 하기는 했고, 그 태도와 방식을 통해 어느덧 소속 크리에이터는 200팀, 300팀을 넘어가고 있었다.

---

*판의 조각들 #3

관계의 구조를 설계할 때는 그 구조물이 밸런스를 이루어야 한다. 비단 크리에이터 비즈니스 뿐만 아니라 모든 분야에서, 특히 '사람'이 하는 비즈니스에서 그럴 것이다. 크리에이터와의 관계, 조직 내부에서의 관계, 외부와의 관계 그 모든 것들을 고려해야 한다.

제2부

구조의 탄생

성장의 이면과
매니지먼트의 붕괴

 ## 구조를 체험하는 감각

부산에서 인천까지 달리다

그해 여름, 나는 내가 어떤 구조로 버티는 인간인지 시험해 보고 싶었다. 20대 마지막을 그냥 흘려보내고 싶지 않았고, 한 번쯤은 뭔가를 끝까지 가보는 훈련을 해 보고 싶었다. 그러다 우연히 웹서핑 중에 국토 종주 메달 인증 글을 보게 됐다. 4대강 자전거길을 따라 스탬프를 찍거나 QR코드로 인증하면 국토부에서 인증서와 메달을 준다고 했다.

"오, 이거 재밌겠는데?"

당시 아라뱃길에서 가끔 자전거를 타던 나는 충동적으로 도전을 결심했다. 마침 연휴도 있었고, 3박 4일 정도면 해볼 수 있을 것 같았다. 이왕 하는 김에 부산에서 출발해 인천으로 올라오는 루트로 짰다. 그게 더 안전해 보였다. 성공한다는 전제하에, 부산에 도착한 후 힘든 몸과 자전거를 끌고 오는 건 더 힘들었을 것이기 때문이다. 부모님께 말했다.

"인천에서 부산까지 자전거 좀 타볼 예정이에요."

"뭐? 길이 있어? 그 먼 거리를 어떻게... 멋있는 도전이긴 하다."

어머니는 걱정 반, 격려 반으로 말씀해주셨고, 아버지는 군인정신으로 말씀해주셨다.

"사나이답고 멋진 결정이네, 근데 지금 자전거로 가능하겠냐?"

"이것저것 챙겨가 보려고요. 자전거도로이니 문제없지 않을까요?"

문제는 연습도 없는 장거리 라이딩이었단 거다. 체력, 날씨, 장비, 경로, 각종 변수를 고려해가며 체크리스트를 작성했다. 진통제, 파스, 공기 펌프, 펑크 패치, 야간용 LED, 고글까지. 이 또한 하나의 프로젝트처럼 셋업해가는 기분이었다.

새벽 6시, 강남 고속 터미널에서 버스를 탔다. 기사님은 나의 도전 의지를 듣고 웃으면서 짐칸에 자전거를 실어줬다. 부산 터미널에서 하굿둑까지 가는 지하철에서부터 벌써 피로가 몰려오는 것 같았다. 시작부터 험난한 조짐이 보였다. 하굿둑에 도착하니 많은 나들이객과 라이더들이 보였다. 간단한 체조를 하고 팻말을 봤다.

'낙동강 하굿둑 0km'

팻말을 보고 나서야 긴장이 풀렸다. 첫 셀카를 한 장 찍고, 결의를 다지며 페달을 밟기 시작했다. 그런데 얼마 지나지 않아 바람이 너무 세게 불었다. 여름철 바람이 남서풍이라는 것을 생각하지 못했던 것이다. 완전 맞바람이었다. 처음에는 펑크가 나서 자전거가 앞으로 잘 나가지 못하는 것이라 생각했다.

'이거 대전쯤에서 그냥 끝내야 하나?'

고작 10km 탔는데 몸이 무너졌고, 멘탈도 흔들렸다. 그 순간 곰곰이 생각해 보았다. 내가 여기서 멈추면 앞으로도 이렇게 포기할 것 같았다.

'죽겠다는 생각이 들기 전까진, 최대한 해 보자.'

첫날은 결국 창녕함안보에서 멈췄다. 계획보다 훨씬 못 미쳤지만, 몸 상태는 거의 고장 직전이었다. 샤워 후 뿌리는 파스를 팔다리에 뿌리고 컵라면을 하나 먹고 침대에 '大'자로 누웠다. '내일은 반드시 더 달려야 한다. 그리고 꼭 계획대로 일어나야 한다'고 다짐하며 눈을 감앉다.

다음날, 새벽 6시 알람에 맞춰서 일어났다. 전날 밤 뿌려둔 파스가 잘 들었는지 생각보다 몸이 아프거나 하지는 않았다. 초코바와 바나나우유로 간단히 아침을 때우고 다시 출발했다. 한참을 달려 구불구불한 시골길, 갑자기 등장한 박진고개라는 곳은 이름만큼 박진감이 넘치는 곳이었다. 어려운 코스라 라이딩하면서 숨이 턱 막히는데, 고개 옆 농장에서 풍겨오는 소똥 냄새가 그 고통을 더했다.

힘겹게 끌고 올라가는데, 뒤에서 아버지뻘 되는 아저씨가 한쪽 무릎에는 밴드를 감은 채 자전거를 타고 힘겹게 올라오고 있었다.

"아이고 힘들다. 할 만은 한데 다리가 좀 불편해서 걱정이네요. 허허."

그는 전날 부산 출발, 4박 5일 일정이란다. 잠시 후엔 외국인 커플도 도착했다. 짧은 인사, 박수, 그리고 미소. 이상하게도 그 짧은 만남이 큰 힘이 됐다. 나도 인천까지 올라간다는 이야기를 듣고 아저씨가 먼저 말했다.

"오! 우리 동무해요, 함께 가시죠."

혼자였던 여정에 팀이 생겼다. 우리는 말없이 같은 속도로 나아갔다. 팀을 만드는 것이라는 게 이런 것이겠구나 싶었다. 각자 사정이 다르고, 목적이 다르고, 체력이 다르지만 이상하게도 편하게, 의지하면서 같이 갈 수 있는 게 좋았다.

합천창녕보 근처에서 점심을 먹었다. 친절한 관리사무소 아저씨의 추천 덕에 국도 쪽 한식뷔페에 갔는데, 아저씨가 내 밥값을 내주셨다. 나는 손사레를 치며 내 카드를 내려고 했지만, 아저씨는 나를 밀치며 말했다.

"에이, 얼마나 된다고요. 맛있게 먹어요."

식사하면서 알게 된 사실은 아저씨가 아버지와 같은 나이였다. 무릎 부상이 생각보다 심해서 우선 주변 병원을 가보고, 나머지 종주를 결정하겠다 했다.

"도전을 응원합니다. 나중에 우리 아들한테도 해 보라고 해야겠어! 집에서 TV만 보고 있을 텐데."

몇 시간 함께했던 자전거 친구 아저씨와 아쉬운 작별을 하고, 다시 외로운 라이딩을 했다. 달성보, 칠곡보, 구미보까지 달렸다. 저녁 무렵에는 낙단보까지 가보기로 했다. 해는 졌고, 가로등 하나 없는 어둠 속을 LED를 켜고 달렸다.

지금은 달라졌겠지만, 그당시 4대강 자전거길의 단점은 중간마다 자동차 도로로 잠시 합류하거나 비포장 도로가 있었다는 점이다. 컴컴한 어둠속에서 비포장 도로를 달릴 때, 들판에서 들개로 보이는 개 떼가 미친듯이 짖으며 달려왔던 생각이 난다. 그녀석들은 생활용 MTB 자전거가 경주용 자전거 속도가 되게 도와줬다.

또한 더운 때라 온몸에 벌레가 달라붙었다. 고글과 마스크를 했지만 몸과 얼굴에 달라붙는게 느껴질만큼 많았다. 외로운 싸움을 하고 있는 중에 반대편에서 오는 동호회로 보이는 라이더들이 환호성과 함께 '수고하십니다!' 외쳤다. 그게 유일한 인간 교류였다. 여러 명이 도전했다면 훨씬 수월했을 것이라는 생각을 했지만, 반면에 혼자 도전하기에 이 도전은 더 의미있고 나를 강하게 만들 것이라고 생각했다.

밤 9시 반, 낙단보에 도착했다. 주변에 보이는 무인 모텔로 들어갔는데 자전거를 보관할 차고도 마련되어 있었다. 둘째 날 밤이 되자, 이 국토 종주가 생각보다 보람 넘치고 완주도 가능하겠다는 느낌이 다가왔다. 이건 단순한 여행이 아니었다. 나 자신을 기획하고, 회복하고, 실행하는 감각. 그게 나를 만든다는 확신을 얻었다.

셋째 날은 평이하게 오전부터 밤까지 기계처럼 달렸다. 가장 기억에 남는 구간은 문경새재다. 두 시간 가까이 꾸불꾸불 고개길을 올라가 10여 분 만에 내리막을 달릴 때의 그 쾌감은 그 어떤 롤러코스터보다도 재밌었다.

그리고 고개를 오르기 전에 받은 마음이 따뜻해지는 값진 선물도 기억난다. 체력을 비축하기 위하여 한옥 형태로 되어 있는 한정식 집에 들어갔다. 라이딩하는 이들이 둘이나 셋씩 앉아서 맛나게 음식을 먹고 있었다.

"어서 오세요! 몇 분이세요?"

"혼자입니다."

사장님은 내 대답을 듣고 자리를 안내하면서 말했다.

"윗 방향이에요, 아랫 방향이에요?"

"아 네. 위로, 인천까지 갑니다."

"어디서부터 타고 온 거에요."

"낙동강 하굿둑, 부산부터 타고 올라왔어요."

"아이고, 젊은 양반이 혼자서 대단하네."

"하하, 감사합니다! 제육 볶음 하나 주세요."

문경새재 인심은 후했다. 만원으로 기억하는데 정말 고기의 양이 많았다. 한 그릇 뚝딱 비우고 계산하고 나가려는데 사장님이 내 라이딩 가방을 잡으며 말했다.

"아, 잠깐잠깐! 기다려봐요."

사장님이 주방으로 들어가고 비닐이 부스럭대는 소리가 들렸다.

"이거 내가 직접 만든 술빵이랑, 밭에서 키운 오이에요."

"앗, 이걸 왜 저에게."

"서울 총각 힘내라고! 이거 정상에서 먹잖아요? 세상에서 제일 맛있을 거야."

"정말 감사합니다!"

사장님이 이야기한 대로 문경새재 정상에서 먹는 그 술빵과 오이는 세상에서 제일 맛있는 간식이었다. 일용할 양식 덕에 열심히 달릴 수 있었고, 충주 탄금대, 충주댐을 지나 셋째 날의 계획대로 충주에서 묵을 수 있었다.

둘째 날, 셋째 날 열심히 달린 덕에 마지막 날은 특별한 변수가 없으면 종주를 성공적으로 마칠 수 있었다. 머지않아 여주가 나올 것이고 그럼 양평을 거쳐서 드디어 서울로 진입하게 된다.

열심히 달리던 중 첫째 날 낙동강에서 보았던 익숙한 팻말이 나타났다.

'한강으로부터 90km'

그 순간, 모든 피로가 잊혀졌다. 무너질 것 같았던 내 스스로를 붙잡고 독려하여 나는 꾸준히 페달을 굴렸다. 처음에 겨우 10km를 지났던 팻말이, 종착지 앞까지 와 있었다.

| 지금도 잘 보관중인 국토 종주 인증서 |

결국 나는 인천 서해갑문에 도착했다. 마지막 날 633km 지점에서 어머니를 만날 수 있었고, 어머니는 장하다며 맛난 저녁을 먹으러 가자고 했다.

그 경험은 이후 내 삶에서 자주 나침반이 되어주고 있다. 조직을 운영할 때도, 힘난한 프로젝트를 리딩할 때도 결국 페달을 열심히 굴리면 종착점에 도착할 수 있음을 스스로 증명했다.

그렇게 20대의 마지막 뜻깊은 경험을 하고 판을 짜는 체력과 지구력을 키울 수 있었다.

> ***판의 조각들 #4**
>
> 이 챕터는 나의 훈련일지다. 매 순간 내가 어떤 근력으로 버텼고, 어떤 정신력으로 상황을 정리했는지에 대한 기록이다. 각각은 작고 불완전한 조각들이지만, 이 조각들이 섞이고 겹쳐지면서 지금의 내가 됐다. 방향이 바뀌고, 구조가 무너져도, 결국 '판을 짜는 사람'은 훈련을 멈추지 않는다.

이름을 부여받은 감각, DIA TV의 탄생

구조의 인식

MCN이라는 단어조차 낯설었던 잠깐의 시대가 지나고, 많은 MCN 회사가 생겨났다. 산업이 성장하고 있다는 긍정적 생각도 들었지만, 우리의 존재가 위협받을 수도 있다는 불안감도 있었다.

무엇보다도 우리는 가장 먼저 시작했고 그래서 시행착오를 겪으면서 허점도 있었기에, 후발주자들은 '우리는 저렇게는 안 한다'라는 논리를 장착할 수 있었다. 그리고 많은 MCN이 생겨나는 그때, 우리도 그 흐름에 맞춰서 하나의 브랜드가 되어야만 했다. 그래서 우리 조직도 더 거창한 이름을 부여받게 되었다.

DIA TV. Digital Influencer & Artist TV. 이제 우리는 더 이상 '그 TF팀 애들'이 아니었다. 단순한 브랜드 네이밍도 아니었다. 이름은 우리의 의지와 관계없이 회사와 윗선에서 정해준 것이었지만, 우리가 그동안 감각으로 실험해온 것들에 대해 조직이 처음으로 '이건 뭔가 되는 거다'라고 인정한 순간이라 좋았다.

얼떨결에 브랜드를 런칭하는 설명회의 사회를 맡게 되었다. 아마도 그래도 DIA TV의 전신인 Creator Group부터의 초기 멤버고, 방송 활동을 통해 진행 능력도 어느 정도 있는지라 회사에서 기회를 주었던 것 같다. 나에게 그 행사의 사회는 매우 의미가 있었다.

이름이 없는 TF 조직에서 정식 팀이 되고 나아가 하나의 브랜드가 되어 조직도 본부로 승격했던 그 순간의 감정이 여전하다. TF 시절 새벽에 퇴근하며 우리가 만들었던 하나하나의 기록들이 주마등처럼 지나갔다.

많은 내부 인사들과 기자들이 모인 앞에서 그 행사를 진행하며 더 열심히 달려야겠다고 생각했다. 이름이 생기자, 회사의 분위기도 달라졌다. 회사 내에서 슬쩍 피하거나 비주류로 여기던 시선들이 조금씩 '그 곳 뭐하는 데지?', '유명한 크리에이터 매니지먼트 하는 곳인가?'라는 관심으로 바뀌었다.

우리가 실험실에서 만지던 구조물들이 서서히 산업이라는 말과 연결되기 시작했다. 미국에서 이미 활성화된 산업이라 독창적인 산업은 아니었지만, 적어도 한국에서는 우리가 제일 먼저 시작했고 한국형으로 산업을 설계하려고 노력한 것은 맞았다. 그 시점부터 내가 속한 조직은 단순한 실험자가 아니라, 기획자이자 연결자가 되었다.

크리에이터 라인업을 확장하고, 브랜드와의 접점을 만들고, 내부 보고와 외부 커뮤니케이션을 동시에 조율해야 했다. 그때 DIA TV는 '조직'이면서도 하나의 '움직임'이었다. 아직 프로세스를 정하려면 많은 시행착오가 필요했고, 매뉴얼을 계속 다듬어야 했다. 다만 네 명이 아니라 수십 명의 본부라는 점은 큰 힘을 주었다. 모든 건 현장에서 생겼고, 그게 쌓여서 구조처럼 보였다.

재밌는 인연도 있었다. 같은 DNA, 비슷한 것 하던 사람들은 결국 만나게 되는 것이었을까? INSITE TV 시절 내 신입사원 멘토이자 제작팀 PD님들 중에 나에게 가장 친절하고 고마웠던 선배가 제작팀장으로 부서 이동했다. 그리고 우리 아버지가 군인이셔서 나를 좋아한다고 이야기해주던 INSITE TV의 GM(General Manager)으로 계시던 분이 DIA TV의 본부장으로 부임했다.

단순히 옛날 조직의 사람들을 만난 정도가 아니라 나에게는 굉장히 기뻤던 사건이었다. 내가 나중에 선배가 되면, 내가 나중에 높은 리더가 되면 저분들과 같은 상사가 되어야지 마음먹을 수 있는 선배들이었다.

멘토 선배와의 멘토링 데이는 지금도 기억이 난다. 이 선배도 꽤 괴짜였던 사람이라, 그날의 멘토 활동도 우리답게 진행했다. 다른 팀은 영화, 야구장, 놀이공원, 피시방, 한강 등을 갔었는데 우리는 목동 실탄사격장을 향했다. 아직도 그날 쏜 매그넘 권총의 손맛이 잊혀지지 않는다. 영화에서 한 손으로 자유롭게 쏘는 것이 얼마나 말도 안 되는 것인지 어깨가 들썩이는 반동으로 실감하는 하루였다.

| 2012년 5월 30일 멘토가 찍어준 총 쏘는 나 |

끝나고 목동 행복한백화점 중식당으로 가서 먹은 짜장면도 기억난다. 그것은 앞으로도 잊지 못할 멘토링이었다.

"어때, 재밌지? 야, 다음에는 우리 국궁도 쏘러 가보자. 근데, 너 국궁이 뭔지 아냐?"

그렇게 다음에 국궁을 쏘러 가기로 하고는 어느덧 십여 년이 흘렀다. 형한테 한번은 꼭 쏘러 가자고 이야기해야겠다.

그래서 더 기쁘게, 더 열심히 일했던 것 같다. 사업 담당으로서의 입지가 세워졌더라도 나는 여전히 어린 연차였고 다른 부서와의 협업도 중요했다. 제작과 관련한 부분은 그 선배와 이야기가 너무 잘 통했고, 윗분들과의 커뮤니케이션도 그 본부장님 덕에 아주 수월했다. 두 형님으로 인해 마음이 편안했다.

크리에이터 수와 본부의 인원수도 많아졌지만 여전히 크리에이터를 만나러 직접 나갔고, 제안서도 하나하나 직접 작성했다. 하루에도 수십 개의 영상과 수백 개의 댓글을 분석하며 기획서를 작성했고, 성과가 없으면 밤까지 이유를 분석했다.

그 시기에 무엇보다도 크리에이터의 '진짜 소리'를 듣는 일에 집중했다. 숫자보다 앞서서 감정을 파악하고, 그들이 뭘 말하지 않고 있는지를 듣고 해석하려 했다.

그것은 브랜드 제안서에서도 드러났다. 단순히 광고를 붙이는 게 아니라, 이 사람은 왜 이 브랜드랑 어울리는지, 왜 이 크리에이터는 지금 이 시기에 이 콘텐츠를 해야 하는지 그런 설명이 없는 기획서는 의미 없다고 느꼈다.

각 크리에이터도 점점 더 발전하고 콘텐츠의 퀄리티를 높이기 시작했다. 조금 더 양질의 콘텐츠로 다가가기 위해 좋은 카메라와 좋은 마이크를 샀고, 프리미어, 베가스, 파이널컷 등의 툴을 구매하고 편집 공부를 하면서 자신의 콘텐츠를 업그레이드해 나갔다. 또한 시장은 반응했다. 그러한 크리에이터들의 노력을 팬들이 알아주기 시작했고, 또 개선점이 필요하면 의견을 남기고 크리에이터들이 수용하면서 '소통'이 활발해졌다.

바로 그 소통이 기존의 레거시미디어와 출연자들과 다른 디지털 콘텐츠의 묘미였다. 마치 우리 주변에도 있을듯한 이웃 형, 누나, 오빠, 언니, 동생의 느낌이었기에 크리에이터들은 각자 탄탄한 팬덤을 형성하고 있었다.

지금도 기억에 남는 크리에이터가 몇 명 있다. 그 열정이 있는 진짜 크리에이터들을 잠깐 소개해 보자면, 첫 번째로는 한국, 미국, 일본 등의 디지털콘텐츠 시장을 직접 조사하고 자신이 어떤 식으로 포지셔닝하면 좋을지 아이패드로 문서를 정리해 온 크리에이터였다. 아마 그런 크리에이터는 앞으로 만나기 힘들 것 같다. 나는 그녀의 열정과 분석력에 정말 큰 충격을 받았고, 이 사람은 무조건 영입해야 된다고 생각했다. 그리고 그 감은 들어맞았다. 계약 후 괴물 같은 속도로 성장하여 많은 인기 콘텐츠를 만들어내고 구글코리아에서도 주목하는 크리에이터가 되었다.

두 번째로는 콘텐츠가 너무 만들고 싶은데 장소의 제약이 있어서 만들 수가 없다는 크리에이터였다. 처음에는 핑계라 생각했는데 사정을 들어보니 그도 그럴 것이, 룸메이트랑 생활하기 때문에 여러 어려움이 있었다. 영상 촬영 중에 발생하는 소음이나, 야간에 촬영하면서 룸메이트와 충돌했기 때문에 회사에서 작은 원룸을 구해줄 수 있냐는 크리에이터였다.

그때 대단했던 것은 그의 가능성을 본 내가 아니다. '이 크리에이터는 무조건 뜨니 공간만 제공해주면 된다.'라고 이야기했을 때 내 얘기를 바로 들어준 팀장님, 상무님과 회사의 승인이었다.

대기업 특유의 '그걸 왜 하는 거냐', '하면 뭐가 달라지냐', '비용 대비 수익이 어떻게 되냐', '장기적인 플랜은 무엇이냐' 등을 묻지 않고 내 감을 받아주었다. 사업관리팀과의 소통과 이례적인 공간 제공에 대한 법무팀의 검토가 늦어지긴 했지만 그 정도는 아무것도 아니었고, 그 당시 정말 이례적인 결정이었다.

물론 그 크리에이터 역시 우리와의 약속을 지켰다. 새로운 공간에서 수많은 콘텐츠를 뽑아내고 엔터테인먼트 카테고리의 선두주자 크리에이터로 활동했다. 그는 유튜브 알고리즘을 타고 많은 인기 콘텐츠를 생산해냈고, 페이스북 페이지 또한 유명세를 쌓아갔다.

세 번째 크리에이터는 영상 천재 크리에이터다. 그 당시 어린 나이임에도 해외 유튜브에서 영상 좀 만들 줄 안다는 크리에이터들과 견주어도 뒤떨어지지 않을 정도로 영상미를 살리는 크리에이터였다. 애프터이펙트의 천재였다고나 할까. 우리가 진행했던 공모전에서 대상도 받았고, 엄청난 속도로 발전하며 자신의 CG 능력까지 레벨업 해 나갔다. 물론 그도 지금은 이름을 대면 모르는 사람이 없을 정도로 유명한 크리에이터가 되었다. 그때 우리는 처음으로 확신하게 됐다.

'이 일은 직업이 될 수 있겠다.'

우리가(우리 조직 외에도 크리에이터와 함께) 해온 일은, 그냥 콘텐츠 몇 개 만들고 영입 메일 몇 통 보내서 멀티 채널 네트워크의 채널 수를 늘려나가는 것이 아니었다.

그건 산업을 구성하는 최소 단위의 움직임이었고, 그게 드디어 이름을 얻고, 판을 깔기 시작한 시점이었다.

> ***판의 조각들 #5**
> —
> 혼자 만들 수 있는 판은 그 어디에도 없다. 혹시 있다면 그것은 싱크홀 위를 덮은 판자와 같다. 사람들은 그 존재 자체로 짜임새가 된다. 그걸 알게 되면서, 커리어보다 관계의 깊이를 보게 됐다.

브랜드와 크리에이터가 만났을 때

시너지를 만들다

　DIA TV라는 이름이 생기고 나서, 우리는 점점 더 많은 브랜드와 마주하게 되었다. 그리고 무엇보다 감동적이었던 장면이 생각난다. CJ ENM 홍보 영상에 바로 '우리', DIA TV가 등장하는 것이었다. 영화, 드라마, 음악, 공연, 애니메이션 사업부문만 다뤄졌던 회사 홍보 영상에 MCN이라는 타이틀로 DIA TV에 대한 내용이 들어간 것이다.

　'기쁘다. 드디어 주류로 들어온 것인가?'

　사실상 회사에 입사하고 줄곧 스스로 '비주류'라고 느꼈던 나는 그 영상을 통해 그간의 노력을 보상받는 느낌을 받았다. 많은 이에게는 그저 기업 홍보 영상일 뿐이었겠지만, 나에게는 하나의 '성적표' 같은 느낌이었다. 바보같지만 우리 사업을 소개하는 그 구간을 몇 번을 반복해서 보고 들었는지 모른다.

그렇게 이제 막 주류가 된 우리는 더 많은 협업 사례를 기획하기 시작했다. 그래도 명색이 CJ ENM이고 광고 사업본부가 매우 탄탄하여 브랜드와 연결되기가 수월했다. 여전히 디지털에 대한 물음표가 있기에 광고 사업본부는 기존 방송 채널 광고와 엮어서 디지털을 서브로 두고 광고주들을 설득해줬다.

광고주들 또한 기존에 관계가 탄탄했던 곳에서 이야기하니 대화가 통했다. 워낙 잘 해왔던 광고 영업 외에 새로운 형태의 광고를 합리적인 가격으로 제안했기에 테스트 삼아 유튜브 크리에이터와의 협업을 결정했던 것 같다.

내부 시너지가 이루어지기엔 여전히 장벽이 있었지만, 외부에서는 우리를 '찾아오는 사람들'도 일부 생기기 시작했다. 처음에는 그게 반가웠다. 우리가 만든 콘텐츠가 인정받고, 크리에이터들이 브랜드 협업 제안을 받는다는 건 어쨌든 이 구조가 작동하고 있다는 증거였으니까.

나는 여전히 뷰티를 맡고 있었다. 그 당시 뷰티는 유튜브 안에서 가장 활발하고 빠르게 성장하는 영역 중 하나였다. 그래서 당연히 생각했다.

'이 정도 분위기면, 방송 채널과도 쉽게 연계할 수 있겠는데?'

온스타일, 스토리온 등 다양한 방송 자산이 이미 있고, 뷰티 콘텐츠는 거기에 딱 맞는 카드였다. 하지만 현실은 달랐다. 방송과 디지털은 철저히 다른 세계였다. 채널에서는 여전히 유튜브 콘텐츠를 하찮게 여겼고, 디지털 쪽은 방송 언어를 답답하게 느꼈다.

크리에이터를 섭외하려 해도, 방송 채널 측에선 '이 사람 누구에요? 이 구독자가 많은 건가요?'부터 시작했다. 2010년대 초반에 비해서는 많이 알려졌지만 여전히 유튜브는 '비주류'였다. 우리가 보기엔 이미 흐름이 변하고 있었지만, 조직의 무게 중심은 여전히 레거시에 있었다.

그렇게 괴리 속에서 작업하던 즈음, 나는 국가지원으로 콘텐츠 전문가로 선정되어 미국 비드콘(VidCon)에 참석할 기회를 얻게 되었다. 각 미디어 기업의 대표자를 선정해서 가는 프로젝트였는데, 그간의 공로를 인정받아 회사에서 나를 보내줬던 것이다.

2015년 여름, LA의 애너하임 컨벤션 센터는 그야말로 충격적인 스케일이었다. 이 업을 다룬다고 말하면서도, 나는 그전까지 콘텐츠 팬덤이 얼마나 거대한 실체를 형성하고 있는지 직접 본 적이 없었다. 삼성동 코엑스 전시 공간 합의 약 3배에 달하는 그 공간이 각종 디지털 콘텐츠 관련 기업 부스와 크리에이터 무대로 가득 채워졌다.

지금은 중요하지 않지만 그 당시에 하나의 계급장과 같았던 구독자 수도 한국과는 차원이 달랐다. 슬슬 한국 크리에이터들이 100만 명을 달성하며 자축하던 우리였지만, 비드콘에서 마주한 크리에이터들은 2천만 명, 3천만 명의 구독자를 가지고 있었다.

전 세계에서 온 수만 명의 팬들이 유튜버들의 이름을 외치고, 무대 앞에서 줄을 서며, 부스에서 티셔츠를 쓸어갔다. 당시 기억나는 건 Smosh의 한정 티셔츠였는데, 수백 장이 단 몇 분 만에 완판됐다.

영상은 온라인에 있었지만, 그 감정은 현장에 있었다. 그 순간, 나는 이 산업이 '미디어'인 줄 알았는데 사실상 '문화'였다는 걸 처음으로 깨달았다.

'우리의 MCN 사업도 분명 이렇게 흘러갈 수 있겠지.'

그리고 그 문화가 조직의 구조를 어떻게 바꿔야 하는지, 감정과 커뮤니티가 어떻게 비즈니스의 중심이 되는지를 현장에서 온몸으로 체감했다.

또한 기술의 발전도 실감했다. 기억에 남는 장면 중 하나는, 소형으로 구성된 크로마키 롤스크린 앞에 서서 찍은 사진을 단 5분 만에 NBC 드라마 히어로즈의 주인공처럼 합성해 보내주는 부스였다. 그야말로 '나를 콘텐츠 안에 넣어주는' 경험이었다.

AI가 매일 발전하고 있는 지금 시대와 비교하면 많이 퀄리티가 떨어지긴 하더라도, 숏폼, 필터, AR 기술들이 가진 맥락을 이때 이미 앞질러 보여준 셈이다. 팬이 단순히 보는 존재가 아니라, '내가 콘텐츠의 주인공이다'라는 착각을 즐길 수 있게 만든 구조. 그리고 그건 단순한 체험이 아니라, 이후 이 산업이 어디로 흘러갈지를 압축해서 보여주는 예언처럼 느껴졌다.

| 나를 히어로즈로 만들어주었던 비드콘 2015 |

두 번째로는 파나소닉의 360도 촬영 부스였다. 평면적인 2D영상을 넘어서 나만의 입체공간을 만들어주는 영상이 정말 신기했다.

세 번째로는 이제는 역사 속에서 사라진 Vine 부스였다. 지금 인기를 끌고 있는 틱톡의 삼촌 정도로 보면 되는 서비스다. 영상을 단 몇 초로 찍고 시간이 지나면 삭제되는 것이 핵심이었다.

그 출장 이후, 나는 더 이상 고민하지 않았다. 단순히 콘텐츠를 잘 만들자, 조회 수를 올리자 같은 이야기는 이제 내겐 중심이 아니었다. 아마 비드콘에 함께 있었던 한국의 크리에이터들도 비슷하게 느꼈을 것이다. 우리는 단지 영상을 만드는 사람들이 아니었다.

그 안에 담긴 감정의 리듬, 팬들과 주고받는 정서, 브랜드가 이해하지 못하는 공기의 밀도, 그것을 읽고, 풀고, 전달하는 구조를 짜야 하는 사람들이었다. 그게 우리가 할 일이고, 그게 앞으로의 방향이라는 걸 그때 똑똑히 알았다.

이것이 내가 돌아와서 DIA TV의 구조나 나의 커리어를 깊게 고민하기 시작한 또 하나의 이유였다. 그리고 머지않아 방송 채널과 우리 본부와의 협업 분위기도 180도 바뀌게 되었다. 과거에는 우리가 채널에 크리에이터와 협업을 하자고 요청하면

"크리에이터 자료 보내주시면 검토해 보겠습니다."

라는 답변이 왔었는데, 이제는

"저희 채널 소개 자료 보냈습니다. 검토 부탁드립니다."

라고 왔다. 미국에서 목격했던 디지털 미디어가 산업이 되고 문화가 되는 그 흐름을 한국도 겪게 된 것이다. 그러나 그 또한 실질적인 '협업'이 이뤄지는 것은 아니었다. 담당자끼리 1:1로 '크리에이터 A, 채널 B 갑시다'하는 구조가 아니라 각자의 내부를 설득하고 윗선의 승인을 받아야 하는 구조다보니 여전히 아쉬움이 남았다.

그러던 어느 날 본부장님이 나를 회의실로 불렀다. 뿔테안경이 인상적이었는데 뿔테 안의 강렬한 눈빛으로 나를 바라보며 말했다. 기존 엔터 담당자가 퇴사하면서, 대기업답게 급 직무가 바뀌는 순간이었다.

"봉제. 네가 그냥 당분간 이쪽 맡아라."

"왜 제가 갑자기 엔터를 해야 되는 거죠?"

"맡으려면 맡지 말이 많아. 그리고, 중요한 카테고리 담당자가 나갔는데 그럼 이걸 신입이 맡냐?"

맞는 이야기였다. 그래서 나는 하루아침에 엔터 카테고리 담당자가 되었다. 문제는, 기존 담당자의 퇴사로 관계가 끊어지고 실망이 컸던 크리에이터를 마주하는 것이었다. 소개차 미팅을 할 때마다 크리에이터들의 반응은 동일했다.

"대리님 잘못은 아닌데요. 담당자시니... 말씀드릴게요. 담당자 갑자기 바뀌는 것도 그렇고, 계약 후에 케어도 못 받은 것 같아요. 회사에 너무 실망이구요. 계약은 해지하고 싶네요."

"저희가 계약하고 나서 큼직한 콜라보를 바랐던 것은 아니지만, 뭔가 저희를 잘 활용 못하시는 것 같아요."

심지어 이런 돌직구를 날리는 크리에이터도 있었다.

"대리님도 어차피 이직하거나 창업하시는 거 아니에요? 미리 알려주세요."

틀린 말이 없어서, 부정할 수 없었다. 우리를 믿고, 소속사를 통한 새로운 프로젝트를 기대하며 계약했을 텐데 계약 전과 큰 차이를 느끼지 못했던 것이다. 내가 해결할 수 없는 문제였지만, 해결하고자 하는 모습이라도 보여야 할 때였다. 그래서 내 담당 크리에이터들에게 딱 반년만 시간을 달라고 했다. 적어도 반년 나를 기다려줘야 무언가를 할 수 있지 않겠냐고 열심히 설득했다.

그렇게 자신있게 말하고 돌아와서는 사무실에서 고민했다. 카테고리가 확장하고 크리에이터 수가 많아져 더 넓은 영역을 다루게 되면서 조직 내부에서의 한계를 더 뼈저리게 느꼈기 때문이다.

"왜 디지털이 중요한 시대에, 방송 채널과의 연동은 이렇게 힘들까요? 돈이 드는 것도 아닌데 왜 협업을 하려 들지 않을까요. 아니 여긴 같은 회사잖아요?"

나는 팀장님에게, 국장님에게 계속 말했다. 그분들도 답답했을 것이다.

"알지, 근데 그게 지금 당장 가능한 건 아니니까. 여전히 방송이 메인이니까."

답답함이 커져만 가던 어느 날, 점심시간에 국장님이 나를 불렀다.

"아무 말 하지 말고 ○○ 식당으로 와라. 혼자 와라."

나는 그 식당으로 갔다. 국장님은 내게 웃으며 말했다.

"야 너 맨날 나한테 불만 얘기하던 거, 이 분께 직접 얘기해 봐. 채널이랑 우리가 협업을 뭐 어쩌고 그거."

나는 기다렸다는 듯 쏟아냈다.

"디지털은 더 뜰 거고, 현재 만든 방송 영상들은 재미없습니다. 돈 많이 안 들이고도 마케팅은 가능합니다. 저는 이미 그것을 '서울열차'

로 입증했습니다."

국장님이 말하던 '이분'은 OCN 국장님이었다. 그 자리에서 OCN 국장님은 놀라운 반응을 보였다.

"다 맞는 말인데요? 콜라보 하면 되는 거잖아요. 뭐가 문제예요?"

그리고는 쿨하게 스마트폰을 들더니 어딘가로 전화했다. 마케팅 팀장이었다. 우리 국장님이 나를 불러 내가 등장하듯, 그 국장님이 마케팅 팀장을 등장시켰다.

그렇게 만들어진 협업이 OCN X 데이브 콜라보였다. 솔직히 두 국장님이 너무 멋졌다. 당시 OCN은 마동석, 서인국, 최수영 주연의 '38사기동대'라는 드라마를 준비하고 있었고, 나는 미국인 크리에이터 '데이브'를 섭외해 마동석과 함께하는 콘텐츠를 기획했다.

데이브는 마동석과 드라마에 대해 리뷰하며 자유롭게 토크하는 콘텐츠를 제작했고 그 영상은 유튜브, 페이스북, OCN 채널 모두에서 터졌다. 또렷하게 기억나는 것은 마동석 형님의 유연성이었다. 특유의 그 스타일대로 시원시원하게 말했다.

"아 대본은 모르겠고 그냥 재밌게 이야기하면 되는 거지?"

데이브는 물 만난 물고기처럼 마동석 형님과 퍼포먼스를 내 주었다. 한국말을 잘하지만 원래 미국 사람인 데이브가, 알고 보니 미국말을 잘하는 마동석 배우를 만나니 콘텐츠가 더 재밌어졌다.

총 조회 수는 유튜브만 약 500만, 외부 플랫폼까지 합치면 1,000만을 넘겼다. 구글 APAC에서는 '레거시 미디어와 디지털 크리에이터의 융합 사례'로 소개했고, OCN 마케팅 팀은 내부 시상식에서 수상까지 하게 된다. 나는 그때 느꼈다.

'콘텐츠에 대한 감각을 계속 키우자.'

'그리고 그 감각은, 크리에이터를 진심으로 이해할 때 생긴다.'

그건 단순한 캠페인이 아니었다. '우리가 가능성을 증명했다'는 산업적 레퍼런스였다. 브랜드와 크리에이터는 결국 만나야 했고, 그 첫 충돌을 매끄럽게 연결시킨 건 일종의 감각이었다.

그리고 무엇보다도 깔끔했던 점은 세부적인 기획안과 여러 차례의 미팅이 없이, 느낌과 신뢰를 기반으로 그런 좋은 콘텐츠가 만들어졌다는 점이다. 우리 조직, 크리에이터, 방송 채널, 셀럽, 소속사 모두가 계산하지 않고 빠르게 결정했다.

이후로 많은 크리에이터들이 내부 채널과도 콜라보를 진행했고,

많은 광고주들과 브랜디드 콘텐츠 성공사례를 낳았다. 그러나 그 성과 뒤엔 새로운 어려움이 우리를 기다리고 있었다.

확실히 DIA TV가 '실험실'을 넘어서 '참여 가능한 무대'로 바뀌는 전환점이었다. 좋은 브랜디드 콘텐츠 사례도 많아졌지만, 그에 비례해 우리가 관리하는 크리에이터 수 역시 늘어났다. 한 사람이 담당하는 크리에이터 수가 많아지면서, 우리는 점점 혼란 속으로 빠져들었다. 가장 오래 일했던 나조차도 처음 겪는 일이었고, 누가 답을 알려줄 수도 없었다.

예를 들면 이렇다. 내가 10명의 크리에이터를 맡았다고 하자. 그렇다면 내 업무 리소스를 10등분해야 하는가? 그럴 수는 없었다. 구독자 순으로 시간을 분배할 수도 없었고, 중요도나 프로젝트 규모로 재단하기도 어려웠다.

제일 혼란스러웠던 건 이 지점이다. 내가 가장 신경을 쓰고 노력했던 크리에이터는

"대리님은 너무 많은 사람을 담당해서, 정신없어 보이세요. 저한테도 관심 좀 주세요."

라고 말했고, 상대적으로 잘 못 챙긴, 겨우 카톡 몇 번 나눈 정도의 크리에이터는

"대리님, 바쁘신데도 제 채널까지 신경 써주셔서 감사해요. 저 진짜 더 열심히 할게요."

라고 했다. 이때 느꼈다. 크리에이터 매니지먼트란, 관리가 아니라 감정의 설계일지도 모른다는 것. 그렇게 매니지먼트에 대해서도 고민하기 시작했고, 그것은 나뿐만 아니라 다른 담당자들도 마찬가지였다.

크리에이터를 관리하는 게 아니라, 그 사람의 감정을 수집하고 반응하며 설계하는 일. 우리는 매니지먼트를 그렇게 정의해야 했을지도 모른다. 그리고 정말 그렇게 정의가 내려졌다면 그것은 실체가 아닌 허상이었다.

하지만 허상이라 해도, 누군가는 그 안에서 일해야 했다. 보이지 않는 감정의 무게까지도 담당자의 책임이 되는 순간, 우리는 점점 더 인간적 한계와 마주하게 되었다.

---

*판의 조각들 #6

매니지먼트를 한다고 했지만, 정작 내가 뭘 매니지하고 있는지 설명하기 어려웠다. 경험을 했고 성과는 냈다. 하지만 그 결과가 다른 크리에이터에게도 통할지는 확신할 수 없었다.

7장 매니지먼트의 허상

구조와 관리

    DIA TV가 본격적으로 확장되면서 우리는 더 많은 크리에이터들과 계약을 맺었다. 초창기엔 직접 만나고, 직접 기획하고, 영상도 같이 찍었지만, 점점 그 모든 걸 다 할 수는 없게 됐다.

    광고주와의 소통도 많아졌다. 그리고 부서 간의 미묘한 감정도 생겨나기 시작했다. 사업팀과 광고팀은 공존할 수 없었다. 사업팀 담당자는 크리에이터의 입장에서, 광고팀 담당자는 광고주 입장에서 생각하고 소통해야 했다.

    그러니 협업이 부드럽게 일어날 리가 만무했다. 서로 이해는 했다, 그러나 수용하기는 어려웠다. 우린 누구 하나가 잘못하고 있는 게 아니었다. 그리고 그건 크리에이터와 광고주도 마찬가지였다.

'내 채널이고, 나만의 크리에이티브로 콘텐츠를 만드니 내가 크리에이터 아닌가? 왜 이렇게 내 콘텐츠에 대해 이래라 저래라 하는 거지?'

'우리가 지불하는 비용이 얼마고, 당연히 그래서 중심은 우리 제품과 서비스에 있는 건데 왜 크리에이터는 물러나지 않지?'

각자 이 사고방식으로 무장하고 반대의 입장에서 소통을 하게 되니 어려움이 컸던 것 같다. 그리고 그 간극은 직장인으로서 받는 평가에 의해서도 멀어지게 되었다. 회사는 똑같이 '수치'를 다루는 사업팀이더라도 '구독자 수', '조회 수'를 기록하는 팀보다는 '광고 매출', '순이익'을 기록하는 팀을 중요시했다.

그러한 간극 속에서 크리에이터 라인업은 늘어났고, '전담 담당자' 구조가 더 강화되었다. 각 크리에이터에게 담당자를 배정하고, 그 담당자가 콘텐츠 방향이나 일정, 광고 제안 등을 관리하는 식이었다.

또한 각 담당자별 부사수도 생겼다. 회사에서도 나름 밀어주는 조직이었기에 신입사원이 채용되면 기본적으로 우리 본부에도 두세명씩은 보내주었다. 다들 열심히 했고 어느 정도 적응이 되어가면서 처음엔 잘 굴러가는 듯했다.

하지만 얼마 지나지 않아 담당자 한 명이 20명, 많게는 30명까지 관리하게 됐다. 당연히 관계는 얕아졌고, 상담은 줄어들었고, 결국 크리에이터에게 전해지는 건 대부분 브랜드의 요구사항 뿐이었다. 지구의 그 어떤 담당자라도 몸이 하나인데 수십여 명의 크리에이터를 담당할 수는 없었다. 즉, 틈이 보일 수 밖에 없었다.

"이번 광고는 이렇게 진행해야 해요. 가이드 확인해 주세요."

"영상 업로드 일정 맞춰야 해요. 기획안과 가편 일정 주세요."

"광고주 가편 피드백 다시 확인해 주세요. 종편은 언제 주실 수 있나요?"

"제목이 오타 났어요. 수정해 주셔야 합니다."

그건 매니지먼트가 아니었다. 그냥 메신저였다. 우리가 처음부터 만들고 싶었던 '함께 고민하고 설계하는 관계'는 어느새 스케줄 알림 서비스가 되어 있었다. 그때부터 크리에이터들도 눈치채기 시작했다.

어느 순간부터 '매니지먼트'라는 말은 방향이 아니라 숫자가 되었다. 이름 있는 크리에이터들이 들어오자, 우리는 '우리의 누적 구독자 합이 천만이다, 2천만이다' 같은 쌓이는 숫자에만 열광하기 시작했다. 그 숫자를 늘리기 위해, 우리는 계약서를 늘렸던 것이다. 그리고 기업에 소속된 직장인이었기에 그건 당연한 일이기도 했다.

특히 MCN 간의 과열 경쟁 속에서 빼앗기지 않기 위해, 혹은 빼앗기 위해 계약서를 들고 뛰었다. 그런데 나는 그 와중에 리더도 아니었고, 결정권도 없었다. 그래서인지 내가 무엇을 놓치고 있는지도 몰랐다. 크리에이터를 관리한다고 말하면서, 우리는 그들의 감정을 정말 듣고 있었는가?

매니지먼트를 말했지만, 누구도 관리하고 있지 않았다. 우리는 감정을 해석하지 않았고, 리듬을 맞추지 않았다. 나는 그냥 시스템 안에서 좋은 성과를 내는 사람이 되고 싶었다. 크리에이터의 언어보다는, 내 평가 점수와 단기 성과가 더 중요해진 시기였다.

그리고 변명이 아니라 나도, 다른 실무자들도 매출이 나지 않는 크리에이터에게 체력을 계속 쏟을 수는 없었다. 인간적으로는 상황이 이해가 가고, 창작의 고통이 얼마나 힘든 일인지 알았음에도 비즈니스로는 냉정하게 다른 효율성 좋은 채널을 선택해야만 했다.

우리는 사람을 매니지먼트하는 비즈니스를 시작했고 사람이 남아야 했지만, 사람이었기에 우리는 지쳐갔고, 평가가 두려웠으며 높은 연봉의 이직 제안에 흔들렸다.

그러는 사이 관계는 점점 멀어졌고 매니지먼트는 이름만 남은 말이 되었다. 우리는 허상을 붙잡고 있었다. 그것이 허상이라는 것을 알게 된 크리에이터들은 고민하기 시작했다.

"나는 왜 이 회사에 있어야 하지?"

"이런 정보는 그냥 나도 알 수 있는 건데."

"담당자가 나랑 콘텐츠 이야기를 해본 적이 있었나?"

"이참에, ○○○로 갈까? 그래도 거기 가면 여기보다는 나를 케어해주지 않을까?"

관계는 서서히 식어갔고, 그중 일부는 다른 MCN으로 옮겨갔다. 또 어떤 크리에이터는 아예 개인 스튜디오를 차리고 독립했다. 우리는 그때마다 당황했고, 내부적으로 '담당자가 바뀌었기 때문인가?', '계약 조건이 부족했나?', '다른 회사에서 조건을 더 준 건가?' 같은 수많은 이유를 분석하려 애썼다. 하지만 답은 간단했다.

"함께하고 있다는 생각이 사라졌다."

담당자도 지쳤다. 광고 일정, 채널 운영, 보고자료 작성, 기획 아이디어 제안, 콘텐츠 방향 컨설팅까지 모든 걸 혼자 떠안았고, 정작 그만큼의 재량도 없었다. 팀 내부에서도 불만이 쌓였다.

"내가 맡은 크리에이터는 왜 이렇게 광고가 없지?"

"선배님, 일은 똑같이 하게 되는데 결과가 너무 편차가 심해서 힘들어요."

"왜 인기 채널만 키를 잡고, 나머지는 방치되는 거지?"

그건 누구의 잘못도 아니었다. 그냥, 우리가 너무 많은 크리에이터를 영입하는 데에만 집중했기 때문이었다. 또한 내가 충격을 받았던 순간은, 나의 연봉이 어떤 크리에이터가 한 편의 브랜디드 콘텐츠로 버는 금액과 비슷하다는 사실이었다.

크리에이터의 활동이 쉽다는 건 아니었지만, 나 또한 크리에이터를 했던 입장으로서도 여러 고민을 하게 만드는 지점이었다. 매니지먼트라는 보편적인 단어 아래, 실제로는 관리도 설계도 관계도 없는 구조만이 남아 있었다. 당시 한 후배의 말이 떠오른다.

"이게 사람 중심의 사업이고, 그래서 더욱 힘든 것은 아는데요. 사람으로서 친근해지고 가족처럼 지내는 것과 감정 쓰레기통처럼 지내는 것은 전혀 다른 것 같아요."

틀린 말이 아니었다. 틀렸다면 아니다 그건 잘못된 생각이고 옳은 생각이 이것이라고 이야기해주었을 텐데 그 말을 듣고는 나도 수긍만 해 버렸다.

그렇다. 단순한 감정 쓰레기통으로 우리가 전락한다면 우리 또한 '사람'이므로 우리도 누군가 케어해줘야하고 또 다른 누군가가 우리의 감정 쓰레기통이 될 수도 있다. 그러한 대물림과 폭탄 돌리기가 된다면 그것은 비즈니스로의 가치는 없었다.

하지만 그렇다면 크리에이터가 잘못했던 것일까? 그것도 아니었다. 직장생활을 해 보지 않은 크리에이터가 대다수였고 우리와 전압이 달랐다. 그 어댑터가 존재하지 않았기에 아마도 먼저 시작되었던 북미의 MCN도 사그라들었을 것이다. 또 다른 후배도 현실적인 말을 했다.

"우리에겐 휴일이 필요하잖아요. 저는 직장인인데요. 하지만 이 일은 휴일이 없는 것 같아요. 그걸 보상해달라는 건 아니지만 광고주, 대행사가 일을 할 때 일해야 하죠. 제 개인적인 일도 해야 하고요. 크리에이터가 일을 할 때도 일해야 하니, 이건 뭐 내내 일만 하는 것 같아요."

우리가 원했던 건 '함께 성장하는 파트너십'이었지만 어느 순간 '함께 지쳐가는 파트너십'의 모양새가 되어가고 있었다. 지쳐 있는 담당자에게 지쳐있는 크리에이터가 말했다.

"이럴 거면 왜 소속사가 있는 것인지 모르겠어요. 다른 곳에서 계약금 더 준대요. 차라리 돈이라도 더 많이 받을게요."

그 말은 단순한 이탈 통보가 아니었다. 우리가 쌓아온 진심이 크리에이터 입장에서는 가치로 환산되지 않았다는 선언이었다. 팀 내부의 피로감도 누적되고 있었다. 나는 이 시기를 거치며 처음으로 생각했다.

'우리가 나름 만들었다고 하는 구조는, 너무나도 약한 구조구나. 쉽게 잃어버릴 수도 있구나. 이래서 결국 북미 사업자들도 사업을 접거나 피보팅했겠지.'

처음에는 진심이었고, 그 진심으로 구조를 세웠다고 믿었지만, 진심은 너무 쉽게 잊혀졌다. 그 시절, 많은 MCN이 같은 방식으로 균열이 일어나기 시작했다. 우리를 떠나 많이 이동했지만, 또한 다른 곳을 떠나 우리 쪽으로도 이동했다. 그렇게 그 당시 이 산업은 많은 무기가 있는 상태도 아니었는데 서로에게 미사일을 날렸고, 아이러니하게도 그 미사일이 타겟에 적중하는 것도 아니었다.

결국 매니지먼트의 핵심은 '서로가 지치지 않는' 관리였다.

---

*판의 조각들 #7
—
'크리에이터'라는 사람을 위해 비즈니스를 확장한다고 했지만, 본질적으로는 '나'라는 사람을 위해 달리고 있었다. 그게 아니라고 하면서도 늘 결과는 내 중심으로 돌아왔다. 그리고 나는 직장인이기도 했다.

제3부

재구성의 시대

창업, 해체,
그리고 재설계

 ## 사람 중심의 조직을 만들다

온웨이즈 창업기

DIA TV 5년 차 시절, 나는 실무보다는 국내 사업을 총괄하는 파트장이 되어 있었다. 대리 직급이었지만 초창기 멤버들이 대부분 떠난 상황에서 자연스럽게 책임이 커졌고, 조직의 성장과 함께 콘텐츠 중심에서 점점 관리와 조율, 예산과 수익에 더 많은 에너지를 쏟게 됐다.

크리에이터와 현장에서 직접 호흡하며 만들던 시간은 줄어들었고, 재무계획을 작성하고 보고서를 정리하고 내부 승인 프로세스를 소화하는 일이 많아졌다. 콘텐츠를 통한 반응보다 수치를 통한 판단이 앞서기 시작했고, 나는 어느 순간 책상 앞에서 일의 대부분을 처리하고 있었다.

이 과정이 중요하지 않았던 건 아니다. DIA TV가 산업으로 진화하면서 당연히 필요한 역할이었고, 누군가는 해야만 했던 일이다. 하지만 그 일이 점점 쌓일수록 나는 내 안의 무언가와 어긋나고 있다는 걸 자주 느꼈다.

나는 크리에이터의 말투나 리듬, 영상의 온도를 직접 체감하며 감각을 잡던 사람인데, 지금은 그것을 보고서로 해석하고, 숫자로 환산하고 있었다. 정확히는 그것에는 소질도 없었다. 현장성이 사라진 자리에서 나는 점점 더 많은 것을 간접적으로 받아들이고 있었고, 그게 반복되다 보니 이제는 무언가를 '만든다'는 감각이 아닌 '관리한다'는 감각만 남게 됐다. 회사를 나가서 다시 '만들어볼까'를 고민했다.

무엇을 해야 할지 고민하던 시절 가족에 대한 생각도 컸다. 단지 육아 참여도가 높은 남편이 되는 것 외에도, 아내에게 자랑스러운 남편이고 싶었고, 아들에게 존경받을 수 있는 아빠가 되고 싶었다. 현실에 안주하지 않고 계속 도전하고 성장하는 모습을 보여주고 싶었다. 그런데 안정적인 대기업의 루틴 속에서 어느 순간 나의 존재는 '고인물'이 되어 멈춰있는 기분을 지울 수 없었다.

업종을 바꾸지 않는 한, 이직을 한다는 것만이 능사는 아니었다. 이곳은 내가 설계에 참여라도 했고 많은 동료, 선배, 후배들이 있었지만 새로운 곳은 더 전쟁터일 것이기 때문이다.

나와 함께 했던 초창기 멤버 셋 모두가 이미 회사를 떠났고, 그 뒤에 들어왔던 나름의 초기 멤버들도 하나둘 나가 창업을 시작했다. 그들이 창업했으니 나도 따라야겠다는 생각은 없었지만, 계속 고민했다. 나만의 구조를 설계해 보고 판을 짜는 것. 수십 번, 수백 번 시뮬레이션을 돌려가며 '내 자신은 창업을 할 수 있는 사람인가', '어떤 방식으로 조직을 만들고 싶은가' 아주 꼼꼼하게 고민했다. 결국 내린 결론은 하나였다. 지금보다 조금 더 나답게 일할 수 있는 곳이 있었으면 좋겠다는 생각. 그리고 그건 결국 내가 직접 만들어야 한다는 결론이었다.

그리하여 2017년 8월 18일, 온웨이즈(ONWAYS)를 설립하게 되었다. 'On my way', 'On your way', 그리고 'On our way'라는 의미를 담았고, 동시에 '온라인 콘텐츠의 길'이라는 중의적 뜻도 가지고 있었다. 지금까지 해온 경험과 방향성, 그리고 콘텐츠 산업에서의 감각을 실험해볼 수 있는 가장 작은 단위의 구조가 필요했고, 그게 온웨이즈였다.

1인 법인 온웨이즈의 첫 가족은, 크리에이터가 아니고 진짜 가족이었다. 큰 제조기업 해외 영업을 다니던 여동생이 회사를 그만두고 이직에 대한 고민을 하던 무렵, 오빠가 하는 콘텐츠 업을 배우겠다며 받아달라고 했다.

"돈 안 줘도 돼. 오빠 일 배우면서 도울게."

홀로 소호사무실에 갇혀 있는 게 외롭고 심심하기도 했던 터라, 1인실에서 2인실로 나름의 확장을 하며 동생을 받아주었다. 그래도 돈을 안 줄 수는 없었고 용돈 정도로 시작했다.

"그래도 명색이 오빤데, 어떻게 돈을 안 주냐. 오빠가 용돈 주고, 사업 성공하면 더 챙겨줄게."

창업을 하고 한 달 뒤, 두 달 뒤. 기존 월급 날짜가 됐을 때의 공허감, 불안감은 지금도 등골을 오싹하게 한다. 매달 당연하다는 듯이 들어오는 월급이 없었기 때문이었다.

심지어 아들이 아직 두살 배기 아이였고, 친동생까지 합류시켰는데 출구가 어디쯤인지 모르는 터널을 걷기 시작했다는 것. 지금 다시 돌아가면 아마 그 결정을 못 했을 수도 있다.

다양한 신사업 모델을 찾아보고, 영입할 만한 크리에이터 리스트를 만든 후에는 그냥 밖에 나가 카페에서 몇 시간 솔루션 없는 고민만 했던 것 같다. 또한 점심을 먹고 올라와서 졸음이 미친 듯이 우릴 괴롭힐 때면, 2평 남짓한 소호 사무실 책상에 둘 다 엎드려 낮잠을 잔 적도 있다.

그 나른함과 안일함에 적응이 될 수는 없었다. 따라서, 크리에이터 출신답게 영상이라도 만드는 것부터 시작해야 한다고 판단했다. 그래서 영상에 관한 기사나 정부 지원사업, 공고문 등을 살피기 시작했고, 마침내 터널의 비상 탈출 공간 한 칸을 발견하게 되었다.

우리가 처음으로 수주한 프로젝트는 지자체와 닿아있는 제조사의 마케팅이었다. 그 일을 따낸 것은 참으로 신기한 일이다. 창업 초기에는 크리에이터도 없었고, 그냥 열정이 넘치던 대기업 출신의 청년 사업가 한 명과 일 배우겠다는 주니어 한 명이었다.

"우리 제품을 SNS에 맞게 영상을 만들어주고 마케팅해 주면 좋겠어요."

우리가 남매라는 말은 안 했지만, 상대 회사 대표님은 마치 그것을 알고 있다는 듯이 이렇게 말했다.

"두 분을 보니, 믿을 만하네요. 서로 잘 맞을 것 같고요. 믿고 한번 맡겨 봐야겠어요. 저희는 딱딱하고 재미없는 콘텐츠만 제작해 와서요."

"정말 감사합니다. 영상이 완료될 때마다 바로 공유드리고, 수정사항도 빠르게 반영하겠습니다."

병맛스러운 콘텐츠 제작도 가능했고 촬영, 편집이 다 됐던지라 열심히 설명하여 결국은 첫 프로젝트를 수주하게 되었다. 우리는 열심히 제품의 소구 포인트를 영상에 담고 인스타그램에 올리고 광고 집행도 진행했다.

전기 콘센트, 물걸레 청소포, 블루투스 스피커, 아기 가방, 누룽지, 동전 파스, 나무 스피커, 진공 포장기 등등 다양한 제품이 눈에 선하다. 지금도 명확하게 기억하고 있는 걸 보면 당시 우리는 콘텐츠 제작에 상당히 진심이었고, 제품 연구를 많이 했던 것 같다.

크리에이터 출신이었지만, 간만에 필드에서 몸을 푸는 것이 좀 어색하기도 했다. 어느 정도의 수익이 나면서 동생의 미래를 위해 정식으로 근로계약서도 쓰고, 4대 보험도 적용해 주었다. 그리고 새로운 직원도 뽑기로 했다.

그리고 그 무렵 기존의 DIA TV에 있었던 친한 크리에이터들이 서서히 계약만료가 되고 FA 시장에 나오게 되었다. 고맙게도 그들이 내 손을 잡아주면서 점차 내 회사도 크리에이터 비즈니스 회사로 자리 매김할 수 있었다.

온웨이즈는 처음부터 소수 정예로 구성했다. 나는 물량 중심의 MCN 구조가 어떤 결과를 만드는지 현장에서 이미 충분히 봐왔기 때문에, 관계보다 계약을 우선하는 시스템은 애초에 피하고 싶었다.

많은 크리에이터를 데려오는 것보다 '우리가 함께할 수 있는 사람'을 찾는 것이 우선이었고, 콘텐츠의 수익화 가능성이나 시장성보다는 콘텐츠를 대하는 태도, 성장에 대한 시선, 커뮤니케이션의 감각을 기준으로 영입 여부를 판단했다. 처음부터 '이 사람과 우리가 함께 갈 수 있을까?'라는 질문이 채널 숫자보다 앞에 있었다.

| 온웨이즈 로고와 명패 |

조직의 방식도 그것에 맞게 짰다. 크리에이터마다 전담 담당자를 배정하되, 관리자가 아니라 파트너로 설계했다. 한 명의 담당자가 여러 명을 담당하기보다는, 두 명의 크리에이터를 담당하게 했다. 콘텐츠에 대한 피드백은 일방적인 전달이 아니라 함께 고민하는 대화였고, 영상이 올라오면 팀 단위로 반응을 정리하고 방향을 재조정하는 시간을 가졌다.

필요하다면 썸네일도 같이 잡고, 기획서도 함께 작성했다. 이런 흐름 속에서 우리는 크리에이터에게 '콘텐츠를 회사가 관리하진 않겠습니다. 대신 당신의 감각과 방향을 함께 설계하겠습니다'라고 말했고, 그 말은 단순한 문구가 아니라 우리 방식의 진심을 담은 방식이었다.

그리고 회사의 수익과 관계없이 모든 크리에이터의 행사는 가급적 담당자가 참여했다. 지방 행사도 동행했고, 말하기 민망한 수익의 행사도 서포트했다. 모든 크리에이터들이 큰 힘이 되었지만, 특히 이러한 크리에이터 비즈니스 설계 시기에 나에게 든든한 버팀목이 되어준 두 명의 크리에이터가 있다. 더빙 크리에이터 시장의 포문을 연 유준호와 콘텐츠의 천재 이신혁이었다.

재미있는 콘텐츠 파워 만큼, 실제로도 너무 재밌고 나와 코드가 맞았던 준호는 DIA TV 시절 내가 엔터테인먼트 카테고리를 담당할 때 가장 형제처럼 지내던 크리에이터였다. MCN의 구조적 한계에 대해 함께 고민하고, 단순한 비즈니스 관계가 아닌 정말 좋은 인간관계로 지냈던 동생 준호는 내 말 한마디에 바로 답했다.

"저는 그럼 형 회사로 갈게요."

최초에는 우리 회사의 크리에이터가 유준호 단 한 명이었지만 준호를 보고 들어오는 크리에이터들도 생겨나기 시작했다. 꽤 마당발이었던 준호는 아무 브랜딩이 되어 있지 않던 온웨이즈를 멋진 회사로 홍보해주었다.

신혁이와의 인연도 시작은 독특했다. 본래 DIA TV 엔터 크리에이터였던 신혁이는 UCC 시절부터 아주 유명했던 창작자였다. 내가 엔터 카테고리를 맡은 직후 입대를 하게 되면서 회사와의 계약을 종료

하게 되었다.

"함께 뭔가 해 보지도 못하고 이별해서 아쉽네요. 우리 회사 소속이 아니더라도 이렇게 알게 된 것도 인연이니 계속 연락하며 지내요."

이렇게 말했던 나에게 신혁이는 환한 웃음과 함께 말했다.

"좋습니다. 이제는 형님으로 부르고 모시겠습니다. 군대 가서도 생각나면 연락드리고, 휴가 나오고도 연락드리겠습니다."

일반적으로는 그렇게 말한 것을 지키는 것이 쉽지는 않다. 많은 이들이 인사치레로 그렇게 말하기도 할 것이고, 나조차도 그 약속을 100% 지켰을 것이라는 보장은 없다. 그럼에도 신혁이는 1년 정도가 지난 후에 정말 전화했다.

"형님, 저 신혁입니다."

"오, 신혁아! 군대는 어때? 얼마나 된 거지?"

"시간 참 빠르죠. 저 벌써 1년이 넘었습니다. 다음 달에 휴가도 나가는데 시간 내 주실 수 있으세요?"

당연히 낼 수밖에 없었다. 내야 했다. 그리고 신혁이의 그 연락과 휴가에서의 만남이 신혁이와 크루가 만들었던 '티키틱'을 온웨이즈로 데려오게 되었다.

마치 도원결의를 한 듯이 끈끈했다. 준호와 신혁이가 경영에 참여하는 것은 아니었지만 존재만으로도 큰 힘이 되었으므로 나는 이들을 각각 CCO(Chief Content Officer), CBO(Chief Brand Officer)로 세웠다.

우리는 함께 일하는 사람들을 '관리'의 대상이 아니라, '동행'의 대상으로 봤다. 크리에이터의 숫자보다, 그 사람이 어떤 감정으로 콘텐츠를 만드는지가 더 중요했다. 그들의 말투, 리듬, 댓글 반응에 대한 해석까지 우리는 콘텐츠 뒤에 있는 감정을 함께 들여다보려 했다.

이건 단순한 운영 전략이 아니라 '사람을 함께 성장시키는 방식'에 대한 철학이었다. 이 철학 없이는, 애초에 온웨이즈라는 이름도 설계되지 않았을 것이다.

크리에이터들과 보내는 시간도 정말 많았다. 끊임없이 소통하고 콘텐츠와 비즈니스에 관한 이야기가 아니라 사적인 이야기도 하고, 고민 상담도 해줬다. 또한 크리에이터들끼리도 서로 친했고, 나는 정말 이 회사가 내가 꿈꾸던 이상적인 곳이라고 느꼈다. 언젠가 시간이 흘러, 우리 모두 더 멋진 자리에서 웃으며 오늘을 추억하게 될 거라고 생각했다.

회사를 만든 것이 아니라 하나의 철학을 실험한 것이었다. 효율보다는 감각, 리소스보다 관계, 속도보다는 지속 가능성을 우선한 구조. 온웨이즈는 단지 독립적인 MCN이 아니라, 내가 DIA TV 안에서 발견했던 수많은 실험과 한계들을 다시 설계한 결과였다.

사람 중심이라는 말이 선언이 아니라 실무가 되는 구조, 그리고 그것이 실제로 작동하는 회사를 만들고 싶었다. 그렇게 시작된 온웨이즈는 '실패하지 않는 실험'을 목표로 하지 않았고, 단지 '지켜야 할 원칙'을 가지고 출발했다. 나는 그 실험이 어디까지 갈 수 있는지, 끝까지 지켜보기로 했다. 성공적인 결과물이 나오기를 바라며. 그 실험은 아직도 진행중이지만 그 의미있는 과정에 대해서는 마지막 장에 남겨두려고 한다.

> ***판의 조각들 #8**
> —
> 맨땅에 헤딩을 하는 것이 무조건 미친 짓만은 아니었지만, 특별한 아이템이 있지 않은 상태에서의 창업은 정말 위험한 것이다. 물론, 고강도의 훈련을 통해 성장하기도 수월하다.

# 성공은 했지만 불안이 남았다

감정이 메마른 구조

온웨이즈는 예상보다 빠르게 시장에서 주목을 받았다. 브랜드와의 협업은 점점 늘어났고, 우리가 지향했던 '사람 중심' 구조도 어느 정도는 설득력을 가지기 시작했다. 그렇게 11개월이 지났을 무렵, DIA TV 시절 나를 아꼈던 상무님으로부터 연락이 왔다. 자신이 제안받았던 신사업 리딩 포지션에 나를 추천하고 싶다는 말과 함께, 한 회사 회장님과의 짧은 미팅 자리를 제안받았다.

그 회사는 이름을 들으면 대부분 알 법한 기업이었고, 나는 긴장된 마음으로 대회의실에 들어섰다. 그날의 공기가 또렷하게 기억난다. 깔끔하면서도 뭔가 긴장을 주는 그런 공기였다. 비서가 회의 테이블 위에 정갈하게 아이스 아메리카노를 놓아주었다. 목이 조금 타는 상태였고, 자연스럽게 커피를 마시며 회장님과 마주 앉았다.

회장님은 내 이야기를 조용히 듣고 있었다. 두 손을 모아 테이블에 올려놓고 상체를 내 쪽으로 기울이고 정말 경청해주셨다. 왜 대기업을 그만두고 창업하게 되었는지 물었고, 나는 솔직하게 말했다. 특출난 아이템이 있었던 것도 아니었고, 등 따숩고 느리게 일하는 조직 속에 오래 머무르기보다는 맨땅에 헤딩해 보고 싶었다고. 그게 내 결정의 전부였다고.

15분쯤 지났을까. 회장님은 나를 한동안 바라보더니 말했다.

"왜 A상무가 김 대표를 소개했는지 알겠네. 김 대표가 마음에 드네요. 김 대표와 온웨이즈, 사고 싶습니다."

나는 짧게 고민했다. 그리고 대답했다.

"제 입장에서는 너무 감사한데… 회사를 이렇게 15분만에 바로 사신다는 것이…"

회장님은 웃으며 말했다.

"좋은지 싫은지만 말해 봐요."

나는 고개를 끄덕이며 답했다.

"저야 너무 좋습니다. 감사합니다."

"오케이, 그럼 마음 정한 것으로 알고~."

회장님은 바로 스마트폰을 꺼내 누군가에게 전화를 걸고 인수합병 절차를 진행시켰다. 그렇게 온웨이즈는 창업 1년도 채 되지 않아 인수되었다. 외부에서 보기엔 이례적인 성공처럼 보였다. MCN이라는 산업 구조 안에서, 1년도 안 된 팀이 브랜드 인지도를 구축하고, 조직을 정리하고, 엑싯까지 이뤄낸 사례는 흔치 않았다.

그 무렵 나는 중소기업진흥공단의 청년창업자금 대출도 막 받은 참이었다. 열심히 수업도 듣고, 저이율 자금을 지원받기 위해 열심히 준비하고 발표했다. 그런데 인수 건이 결정되며 바로 상환하게 되었고, 담당자분은 어이없다는 듯 말했다.

"제가 십 년 넘게 이 일을 했지만, 대출을 받자마자 갚은 분은 처음이에요. 그럴 거였으면 왜 그렇게 힘들게 받으셨어요? 양보를 해줘야지."

나는 웃으며 대답했다.

"저도 이럴 줄 몰랐습니다. 정말 드라마처럼 좋은 분을 만나, 갑자기 회사가 팔리게 되었거든요."

그분은 각종 서류를 테이블에서 탁탁 치며 정리하면서 마지막엔 이렇게 말했다.

"진짜 멋진 케이스네요. 다시 빌리실 일 없길 바라며, 응원하겠습니다. 하하."

인수합병 이후 많은 것이 달라졌다. 여덟 명이 소호 사무실 4인실 두 곳을 나눠 쓰던 우리는, 이제 목동의 근사한 고층 빌딩에 새 사무실을 갖게 되었다. 크리에이터들을 위한 전용 스튜디오도 새롭게 마련했다.

소속 크리에이터들 역시 "회사가 점점 잘 되어가는 것 같다"라는 반응을 보였고, 회사를 찾는 손님들에게도 자신 있게 공간을 보여줄 수 있어 뿌듯했다. 또한 재무, 회계, 인사, 법무 등 스타트업 시절 미비했던 부분들은 모회사의 지원을 통해 점차 체계를 갖춰나갈 수 있었다.

멋진 캠페인도 성사됐다. 코로나19로 영화관이 상당히 힘들던 시절에 CJ CGV를 만나게 될 일이 생겼다. 인플루언서 마케팅에 관심도 있고, 또한 영화관이 팬데믹으로 인해 마케팅 예산이 적었던 그 시절. 양사가 할 수 있는 가장 최선의 일에 대해 논의했다.

"저희 회사 소속 크리에이터들로 캠페인을 만들죠. 저희가 다 만들고 CGV는 그걸 전국의 상영관에 틀어주시는 겁니다."

미팅했던 팀장님과 실무자는 이야기가 꽤 잘 통했다. 어차피 동일한 광고를 반복하여 보여주는 것 보단 만약에 영상이 잘 나온다는 전제하에, 관객들에게도 매우 참신함을 보여줄 수 있으니 CGV도 안할 이유는 없었다.

"영화관에서 상영될만한 퀄리티가 가능할까요?"

당시 다재다능한 크리에이터가 많이 소속되어 있었으므로, 자신이 있었다. 그리고 우리 회사의 크리에이터들은 어떠한 비용도 받지 않고 회사를 위해, 또 팬들에게 참신한 콘텐츠를 보여주기 위해 이 프로젝트에 동참해 주었다. 감독은, CBO 신혁이가 담당했다.

| 전국 영화관에서 우리 회사 이름이 나왔던 순간 |

결과는 대만족이었다. 어디에 내놔도 손색없는 영화관 캠페인이 만들어졌고, 주변 지인으로부터 정말 많은 연락을 받았다. 거의 한 달 가량 전국 CGV 전관에 우리 크리에이터들이 제작한 영화관 캠페인이 나왔다.

"야, 나 주말에 영화 보러 갔는데 니네 회사 이름 나오더라 진짜 멋진 것 같아."

"형, 형 회사 이름이 온웨이즈 아니에요? 어떻게 영화관에도 나와요?"

내가 직접 고민하고 철학을 담은 회사의 이름과 로고가 CGV와 나란히 등장하다니. 그 텍스트를 영화관에서 처음 봤을 때의 그 기쁨은 말로 표현할 수가 없었다. 그러나, 마음속에 이상한 공백도 생겨나기 시작했다.

온웨이즈 인수 이후, 나는 실질적인 대표 권한을 유지한 채 조직에 남았다. 하지만 문득 이런 생각이 들었다.

'나는 지금 그냥 월급 사장인가? 그렇다면, 이건 내 사업이 이제 아닌가?'

그리고 '문제가 생기면 모회사가 어떻게든 해결해 주겠지'하는 태도가 마음속에 자리 잡기 시작했다. 한편으로는 부담도 컸다. 결국 큼직한 일은 승인받아야 하는 사업구조가 되니, 그럼 결국 창업의 의미가 퇴색된다. 진심이나 책임감이 없어진 건 아니었다. 하지만 확실히, 사업가로서의 절박함은 희미해지고 있었다. 다시 직장인으로의 회귀 느낌이 생기고 있달까. 외형적으로는 완벽한 합병처럼 보였지만, 그 순간부터 이상한 불균형을 감지하고 있던 것이었다.

온웨이즈는 사람 중심이라는 철학으로 설계됐지만, 사람에게 과도하게 의존하는 구조이기도 했다. 크리에이터가 지치거나 빠지면, 그 자리를 채울 수 있는 방법이 없었다. 그건 우리가 의도적으로 만든 밀도 높은 관계였고, 동시에 우리가 감당하지 못할 수도 있는 리스크였다. 그걸 내가 언제, 어떻게 체감하게 되는지는 그로부터 얼마 지나지 않아 드러나기 시작했다.

크리에이터 비즈니스는 기본적으로 사람에게 의존하는 구조다. 크리에이터가 개인적인 일이 생기거나 지쳐서 콘텐츠 활동을 멈추면, 회사 비즈니스는 직접적인 타격을 받는다. 구조가 아니라 인력의 지속 가능성에 따라 성패가 갈리는 산업이었다.

게다가 당시 MCN 업계는 생존 경쟁의 한가운데에 있었다. 크리에이터 한 명을 영입하기 위해 계약금, 선지급 광고, 독점권 조건이 오갔고, 서로의 채널을 빼앗고 빼앗기는 일이 일상이었다. 플랫폼은 약속을 보장해주지 않았고, 크리에이터들은 가장 유리한 조건을 좇는 게 당연해졌다. 브랜드는 조회 수 그래프만을 보고 움직였고, 그 결과 생태계는 넓어졌지만, 안의 사람들은 점점 지쳐갔다.

우리가 감정을 기반으로 만든 구조는, 시간이 지날수록 그 감정에 의존하는 구조가 되어버렸다. 지치기 시작한 건 크리에이터만이 아니었다. 그 구조의 설계자였던 나 역시, 같은 이유로 무너지고 있었다. 결국 그 지침이 싫어서 회사를 만들었는데, 그 안에서 나는 또 지쳐가고 있었다.

온웨이즈는 어벤져스 같았다. 각자의 개성이 충돌하지 않고 빛날 수 있도록 설계했고, 함께 모이면 더 강해질 거라고 믿었다. 하지만 현실은 마블 영화가 아니었다. 아이언맨이 다치면, 그 자리를 대신할 히어로는 없었다.

크리에이터 의존도가 높은 구조에서 우리는 카테고리별로 단 한 명만 선택했다. 그 구조는 집중을 줬지만, 동시에 극단적인 불균형도 안고 있었다. 한 명이 빠지면, 그 빈자리는 수치로 채워지지 않았고 감정의 공백으로 남았다. 내가 감정을 지키기 위해 만든 구조는, 감정을 가장 먼저 소진시키는 구조가 될 수도 있다는 것을 그제야 알았다.

열심히 잘 짰다고 생각한 그 구조도 수익을 중심에 두지 않으면 구조는 존재할 수 없다. 다른 판을 짜보겠다며 회사를 만들었지만, 정확히는 구조 없는 감정의 집합체를 만들어놓고 그 위에 '우리는 사람을 존중합니다'라는 간판만 붙여놨던 거다.

직원들도 역시 피로감을 호소하기 시작했다. 크리에이터가 나가거나 활동을 중단했을 때, 나는 무엇을 해야하냐라는 질문에 명확한 솔루션을 줄 수가 없었다. 내가 설계한 이 구조가 과연 지속 가능한지에 대해, 스스로도 물음표를 던질 수밖에 없었다. 그리고 그 시기에, 정말이지 무너질 듯한 사적인 일들이 연달아 찾아왔다.

팬데믹으로 시장은 얼어붙었고, 광고 예산은 급감했다. 회사는 예산 문제와 일정 지연으로 고전을 면치 못했고, 나는 어느새 다시 불 꺼진 사무실에서 기획서를 쓰고 있었다. 그런데 그보다 더 힘들었던 건, 나 개인에게 닥친 연속된 위기였다.

내 귀책이 아닌 이유로 복잡한 소송이 걸렸고, 그 문제를 해결하기 위해 정말 많이 뛰어다니고 연락을 나눴다. 그래서 너무 정신이 없어서 가족을 돌볼 수 없던 때에 아내는 둘째를 임신했다가 유산했다. 사실을 알고 한동안 눈물로 시간을 보내던 아내에게 다독이는 것 말고 해줄 것이 없었다. 남편 역시 많이 힘들 것이라는 생각에 아내는 홀로 눈물을 삼켰다. 어쩌면 바깥일 보다도 아내를 돌보고 신경 썼더라면 그런 슬픈 일은 일어나지 않았을텐데 하는 죄책감도 몰려왔다.

다섯 살 아들 하준이는 집에 온 아빠의 표정을 보고 눈치를 봤다.

"아빠, 기분이 안 좋아요? 하준이가 뭐 잘못한 것 있어요?"

아들을 안아주는데 눈물이 났다. 아무 죄가 없는 아이에게 표정으로 죄책감을 주다니 너무 미안했다.

"아니 무슨 소리야 하준아! 아빠가 좀 피곤해서 그래. 하준이가 뭘 잘못해? 아빠 괜찮으니 장난감 갖고 놀자."

엎친 데 덮친 격으로 장모님이 암 진단을 받으셨고, 내 건강검진 결과는 의사도 깜짝 놀랄 정도로 나빴다. 몸과 마음이 동시에 망가졌고, 어느 날은 아무것도 하기 싫은 마음으로 차 안에서 종일 앉아있기도 했다. 그 시절, 우리 가족의 가장 차갑고 고통스러운 겨울이었다.

나는 진심만으로 회사를 지킬 수 없고, 구조 없이 쌓은 관계는 위기에서 가장 먼저 무너진다는 것을 그 해에 실감했다. 그리고 '엑싯'이라는 단어가 반드시 해피엔딩은 아니라는 것도 처음으로 체감했다. 빠르게 나간다고 해서 안정적으로 안착되는 건 아니었다. 그 해, 나는 사업가이자 남편이자 아빠로서 가장 깊은 자기 점검의 시간을 통과했다.

나는 대표였다. 대표였기 때문에 더 멀리 봐야 했고, 더 넓게 고민해야 했다. 회사의 구조를 짜고, 사업을 키우고, 조직을 이끌어야 했다. 근데 그 문장 속에는, 이상하게도 한 가지가 빠져 있었다.

'조직 안에 사람을 세우는 일'

나는 구조를 만들었지만, 그 안에서 리더는 키우지 못했다. 시스템은 있었지만, 사람을 키우는 구조는 없었다. 모든 감정과 책임이 나에게 집중되는 순간, 조직은 멈춰있었다.

그때는 몰랐고, 지금은 안다. 온웨이즈는 '대표'가 존재했지만 '리더'가 없었다. 자신을 이끌어주는 사람이 없고, 모두가 주니어였던 그 상태에서는 온웨이즈의 성장은 멈춰있을 수 밖에 없었던 것이다. 그리고 그게 어쩌면 내가 지켜야 했던 사람들 중 일부를 지키지 못한 이유였는지도 모르겠다.

그래서 다시 원점으로 돌아갔다. 구조를 처음 짜던 시절처럼, 다시 질문부터 꺼내기 시작했다. 지금 우리가 만든 조직은 정말 '사람 중심'인가? 이 구조는 위기를 견뎌낼 수 있는가? 진심은 체계 안에서 살아남을 수 있는가?

그리고 그 질문이, 다시 새로운 판을 짜게 되는 계기가 되었다. 온웨이즈를 정리하고, 더 많이 배우고 시뮬레이션을 한 후에 내 회사를 만들자는 결심도 하게 되었다.

회사를 정리하는 데에는 많은 용기와 강한 멘탈이 필요했다. 적당히 분위기를 봐서 이직을 준비하고 나가는 직원도 있었고, 다음 직장을 정하진 않았지만, 회사의 상황을 알고 무작정 나가는 직원도 있었다. 나와 관계가 좋았던 직원이었는데 나를 시험해 보는 직원도 있었다. 쉽게 말하면, 자신을 잡아주길 바라며 나가겠다 하는 것이었는데 나는 잡지 않았다. 현재의 구조에서 유능한 직원들을 잡아두는 것은 악행이라고 생각했다.

나가지 않고 버티는 직원도 있었다. 정확히 말하면 함께 고생해주고 열심히 노력했다면 아마도 오래 함께할 것이었는데, 의지가 보이지 않았다. 정리를 마음먹고 법인 통장의 잔고도 바닥나고 있던 터라, 마음을 강하게 먹어야 했다.

그리고 급여가 들어오지 않을 수도 있는 상황에서도 끝까지 내 곁을 지켰던 직원이 두 명 있다. 잠깐 소개하자면 한 명은 재무팀장이었고, 한 명은 크리에이터 매니저였는데 두 사람과의 인연도 참 재밌다.

재무팀장은 본래 모회사 재무팀 담당자였다. 일을 잘했고 아주 FM이었던 그는 굉장히 차가운 재무 담당자면서도 따뜻함을 풍기는 츤데레였다. 나와 꽤 친해진 후에 이직을 고민하고 있다고 하는 그에게 나는 자회사인 온웨이즈의 입사를 제안했고, 너무나도 고맙게도 합격된 곳이 있음에도 우리 회사를 와주었다.

그리고 나는 그 재무팀장에게 또 한가지를 배웠다. 나보다 어린 사람을 존중할 줄 안다는 것. 정확히 그는 나보다 5살 많은 형이었지만, 단 한 번도 나에 대한 리스펙이 흐트러지는 것을 본 적이 없었다. 그가 육군 대위 출신이라는 것을 알았을 때, 놀라지 않고 당연하다는 듯이 여기게 된 이유도 그것이었다.

또 다른 직원은 크리에이터 출신이다. DIA TV 시절 목소리 크리에이터로 활동하던 그는, 프로급의 성우 실력을 가진 '성우 지망생'이기도 했다. 크리에이터와 담당자로서 시작된 관계가 꽤 깊어져, 어느새 대표와 직원의 관계로까지 발전한 것이다. 늘 긍정적으로 회사 일에 임해주는 고마운 녀석이었다.

그런 그 두 명이 제일 힘들었던 나의 법인 정리기를 함께 겪었다. 최종적으로는 우리 셋이 남아 회사를 문 닫기 전 해야 하는 일들을 열심히 했다. 4년간 운영한 법인을 폐업한다는 것은 창업하는 것보다 훨씬 더 어려운 일이라는 것을 이때 깨달았다.

정리가 어느 정도 되었을 무렵, 제법 친했던 형이 운영하는 드라마 제작사로 이직을 제안받게 되었다. 그곳으로 이동하는 조건은 나와 함께한 두 명과 함께 가는 것, 그리고 소속 크리에이터들도 함께 이동하는 것이었다.

***판의 조각들 #9**

드라마 같은 엑싯이 없었다면, 나는 사업을 계속했을까?
더 성공했더라도, 혹은 철저히 실패했더라도 결국 중요한 건 운이 아니라, 내공이었다.

 ## 써니를 다시 만나다

구조의 재설계

온웨이즈를 정리한 후, 나는 한 웹드라마 제작사에 합류했다. 내 감정은 아직 회복되지 않았지만 일은 나를 회복된 사람처럼 대했다. 내가 직접 설계하지 않은 구조 안에 들어간 것이었고, 크리에이터 중심 콘텐츠에서 벗어나 드라마 제작과 배우 매니지먼트 시스템을 다뤄볼 수 있는 기회였다.

신인 배우를 발굴하고, 제작 프로세스를 기획하며, 기존 IP를 관리하는 이 시스템은 내가 몸담았던 MCN 환경과는 완전히 다른 작동 방식으로 움직이고 있었다. 그곳에서 나는 분업화된 체계, 수직적 커뮤니케이션, 콘텐츠 기획보다는 승인과 합의로 굴러가는 방식에 적응해야 했다.

제일 처음은 나름 구독자 수가 꽤 높았던 유튜브 채널을 관리하는 업무였다. 일종의 운영실장? 정도의 느낌이었는데 부임한 후에 내 조직은 실질적으로 채널 운영에 대한 권한은 없음을 느꼈다. 회사가 제작 중심의 회사고 철저히 제작 기반의 언어로 소통해야 했으므로, 우리 조직이 방향성을 잡기보다는 제작에서 이야기하는 방향성을 따르는 구조였다.

그래도 그 유튜브를 관리하고 데이터를 분석하며 새로운 데이터도 볼 수 있어서 좋았다. CJ ENM에서의 메인 방송 콘텐츠의 데이터, 크리에이터들의 데이터가 아닌 '웹드라마' 데이터인지라 또 다른 지표를 볼 수 있었다.

그 후 신사업쪽을 리딩하면서 매니지먼트 쪽을 집중할 수 있게 되었다. 내가 원래부터 닿아있었던 크리에이터들도 합류시켰고 꽤 유명한 셀럽도 직접 영입했다. 문제는 영입 다음이었다. 내 사업이 아니고, 크리에이터 기반 비즈니스가 아니었으므로 내가 이들에게 해줄 수 있는 것은 매우 제한적이었다.

또 하나 어려웠던 지점이 있었다. 작은 회사였지만, 내 손으로 법인을 만들고 자유롭게 사고하며 경영했던 익숙함은 직장인으로 돌아온 나에게 분명한 불편함으로 다가왔다. 단지 '대표를 해봤다'는 자부심 때문이 아니었다. 이 업의 구조 자체가, 먼저 저지르고 후에 성과로 증명하는 유연함이 필요했기에 이곳의 체계적이고 정제된 프로세스는 때로 나를 과도하게 늦췄다.

작은 캠페인을 실행하는 일조차 승인과 절차를 거쳐야 했고, 그 사이에도 크리에이터의 트렌드는 하루하루 바뀌었다. 나는 조직을 이해하려 애썼다. 하지만 그 와중에도 마음만은 다급해졌고, 크리에이터에게 주고 싶은 것들을 주지 못할 때마다 나는 미안함을 숨기기 어려웠다. 그들은 나를 원망하지 않았지만, 그 태도가 나를 더 미안하게 했다.

"형 잘못도 아닌데요 뭐..."

그 말이 나에게 위로가 되기보다는 더 부끄러움이 되었다. 어찌 보면 이렇게 힘이 없고 해줄 수 있는 게 작아질 것이라는 시뮬레이션을 먼저 하고, 냉정하게 판단했어야 되는 게 아닐까? 이렇게 못 할 거면 최초에 왜 이 회사로 데리고 왔는가? 스스로가 나를 질타했다. 그럼 난 결국 또 내가 사업할 때의 미숙함에서 벗어나지 못한 것일까? 고민했다.

시간이 흐를수록 분명한 이질감을 느끼게 됐다. 내가 익숙했던 구조는 관계의 밀도와 감각 중심의 판단이 작동하는 시스템이었다. 즉흥적이라도 유연했고, 수치보다 리듬이 중요했고, 회의보다 대화가 많은 게 좋았다.

반면 이곳의 구조는 정확하고 정돈돼 있었지만, 그 안에서 나는 점점 감각을 잃어가는 느낌을 받았다. 크리에이터 산업 특유의 온도

감, 플랫폼의 변화에 따라 반응하는 즉각적인 실험성, 그리고 사람과 사람 사이에 존재하던 유기성이 이 구조 안에는 존재하지 않았다. 나는 이곳의 제작 PD들, 리더들과 언어가 달랐다.

결국 조직을 떠나기로 했다. 정확히 말하면, 그 구조 안에서 내가 일하고 싶은 방식이 아니라고 판단했고 다시 내가 만들고 싶은 구조를 설계해야겠다는 확신을 갖고 퇴사했다. 물론 그 조직을 나오기까지는 시간이 꽤 걸렸다. 같이 일하던 팀원들을 그냥 둔 상태에서 도망치듯 나오는 것은 싫었다. 조직이동을 시키고 이직도 시키고 하나하나 비워갔다.

막상 나오고 나니 불안감이 엄습하기도 했다. 새로운 아이템이 있었던 것도 아니었고, 특정한 투자처가 잡혀 있었던 것도 아니었지만, 이 판을 내가 다시 짜지 않으면 안 되겠다는 생각은 분명했고, 나는 그렇게 또 한 번 창업을 준비하게 되었다. 단순한 크리에이터 비즈니스 사업 외에, 그동안 강연이나 심사위원을 했던 것을 토대로 1인 컨설턴트, 교육사업 등을 병행하며 비즈니스를 만들어보려고 했다.

그리고 모처럼 쉬었다. 직장생활을 시작한 이래 긴 휴가는 없었고 창업에서 엑싯, 그리고 혹독한 겨울을 지나 또 다른 스타트업 이직까지... 약 10년 만의 휴식이었다. 정확히는 쉬었다기보다는 아내와 아이들과 시간을 보냈다.

마침 그때가 첫째 아이 여름방학 기간이라 정말 많은 것을 함께 해본 것 같다. 강원도 바닷가로 놀러가 신나게 수영했고, 에버랜드와 롯데월드도 갔다. 아이가 좋아하는 축구도 함께 해주고, 볼링도 함께 쳤다. 확실한 것은 체력적으로는 많이 피곤했지만, 정서적으로는 찐 휴식이었다.

그 무렵, DIA TV 시절 함께 일했던 선배에게 연락이 왔다. 지금 자신의 사업체와 이 시장의 한계점에 대한 고민 중인데, 구조를 정비할 사람이 필요하다는 제안이었다. 일부 크리에이터들이 떠나기도 했고, 담당자들은 지쳐 있었으며, 내부적으로도 동력이 떨어지고 있는 상태라 했다. 나는 잠시 고민했지만, 결국 수락했다. 이곳에서도 배워보고 나서 창업을 하는 게 나에게는 더 좋은 경험이 될 것이라 생각했다.

뜻밖의 인연도 있었다. 기존에 온웨이즈에서 함께 했던 직원이 이 회사에 입사하기로 되어 있었는데, 내가 합류를 결정하고 광속으로 출근하게 되면서 공교롭게도 같은 날에 입사하게 되었다. 마침 로비에서 만난 그 친구가 물었다.

"어, 대표님???"

"오랜만이네. 같은 날 첫 출근하네."

"아니 어떻게 여기에 오시게 된 거예요?"

"말하자면 긴데, 그렇게 됐어. 앞으로 잘 해 보자."

"네! 좋아요."

워낙 씩씩하고 긍정적이었던 친구라 활짝 웃어주었지만, 한편으로는 내가 불편할 수도 있을 것이라 생각했다. 몇 년 전 다니던 회사의 대표를 이직한 회사에서 다시 만나다니... 그 사람과의 추억이 어떤가에 따라 다르긴 하겠지만 결코 쉬운 일은 아니었다.

그리고 나 또한 불편함이 있었다. 그래도 명색이 신입사원 때 면접까지 봤던 '대표'인데, 남의 회사에 와서 조직장 정도로 지낸다는 것은 쉽지 않았다. 더욱이 현재의 회사는 님으로 호칭을 통일하는 문화가 있다보니 그 친구의 입장에서도 나를 부르기가 굉장히 난감했을 것이다. 대표님으로 부르던 사람을 이름에 '님' 정도 붙여서 부른다는 것은 매우 어려웠을 것이다. 나 역시 그 호칭을 들으면 미묘한 심경의 변화가 있었다. 그래도 어쩌겠는가 이 회사의 대표님은 존재하고 나는 더 이상 그 친구의 대표가 아닌 것을.

과거를 뒤로 하고 이곳의 방식으로 다시 본부장과 본부원으로 지내기로 했다. 그렇게 마음을 먹고, 나는 이 친구를 위해 진짜 리더가 되기로 했다. 온웨이즈 시절엔 리더가 아닌 '대표'이기만 했기 때문이다. 구성원들에게 방향을 제시하고 함께 이끌어줄 사람이 없었는데도, 나는 그저 연차가 있는 사람들을 리더로 세우고 그들 뒤에 숨었던 것 같다.

내가 지금까지 해왔던 크리에이터 비즈니스를 이 곳의 누구보다도 노련하게 잘할 수 있을 것이다. 앞서서 그것을 몸소 보여줘야 직원들에게 큰 힘이 되고 길잡이가 될 것이라고 생각했다. 그래서 나는 진짜 리더가 되기로 다짐했다.

하지만 딜레마가 있었다. 온웨이즈에서 함께했던 그 친구가 비난받거나 소외되는 것을 원치 않았기에 더 먼 발치서 바라보고 다른 구성원들을 더 챙겨야만 했다. 팔은 안으로 굽는다, 자기 부하 직원이었다고 너무 티나게 챙긴다. 이런 말을 1%도 듣고 싶지 않았기 때문이다. 그리고 그 마음을 그 친구도 알고 있었다.

그래서 처음에는 둘 다 많이 힘들었다. 친하다는 것을 보이기에 위험했고, 친하지 않게 지내는 것도 불편했다. 다만 확실한 것은, 서로 이 회사에 존재하는 한 점점 나아질 것이고 후에는 우리의 친화력은 더 커질 것이라는 확신이 있었다는 것이다. 나중에 이야기해 보니 그 친구도 동일하게 생각하고 있었다.

어디서부터 손을 대고 어디서부터 파악해야 할지 감을 잡기 어려웠다. 그동안 지쳐 있던 기존 구성원들은 '저 아저씨는 또 얼마나 이

업을 모르고 업무 지시를 하려나' 하는 표정으로 나를 바라보고 있음을 직감했다.

또한 나를 부른 선배의 시각도 중요했다. 대기업 시절 내 업무 스타일을 봤고 그래서 어느 정도의 신뢰를 가지고 나를 영입했으나, 몇 년간 각자의 길을 걷다가 함께 사업에 대해 맞춰가고 매일 마주한다는 것은 쉬운 일이 아니었다. 그리고 그 선배의 결정이 헛된 결정이 되지는 않도록 해야겠다는 사명감이 있었다. 또한, 우리는 서로 너무 많은 사람들이 중간 지점에 교집합으로 있다는 점도 서로에게 큰 부담이 되었다.

"아, 김 대표 거기로 갔다면서?"

"형님, 소식들었어요. 계속 이 업계에 계시는군요."

증명해야 했다. 나는 단순한 아저씨가 아니라, 힘이 되어줄 수 있는 리더라는 것을 보여야 했다. 고인물답게 하나하나 파악하고 기존의 문제와 앞으로의 방향성에 대해 고민하기 시작했다. 직접 모든 채용 서류를 검토하고, 면접을 진행해서 내 조직원들을 구성했다. 소속 크리에이터들의 채널을 구독하고 영상을 자세히 살폈다. 인스타그램 또한 살펴보면서 어떤 삶을 살고 있고 어떻게 사고하는가에 대하여도 연구했다.

면접에 대한 준비도 중요했다. 나도 합류한지 얼마 되지 않은 상태에서, 누군가의 면접을 보고 심도있는 질문과 역으로 심도 있는 답변을 해주는 것은 쉬운 일이 아니었다. 그래서 더 공부했고 회사의 히스토리도 상세히 파악했다. 당시 MCN 담당자 포지션은 인기있는 직종이기보다는 '힘들다' 여겨지기도 하는 직종이었고, 주니어 급들도 대충 어떤 식으로 업이 돌아가는지 아는 때였기 때문이다. 무작정 채용을 위해서 가식으로 대하기보단, 솔직한 설명이 필요했다.

그래서 숨기지 않고 회사의 현 상황과 앞으로 내가 본부장으로서 어떻게 해 나갈 것인지를 제시했다. 정확히 말하면 내 본부원들을 뽑는 면접이기도 했지만, 그 본부원들이 나를 선택하는 면접이기도 했다. 그래서 나만 질문하지 않고 역으로 질문을 유도했고, 진심으로 답했다.

나중에 입사한 직원들 몇몇이 이야기해주길 그 면접에서 내가 이야기해준 것들과 내 진정성을 보고 입사를 결정했다고 했다. 단순한 윗선이 아니라 누구보다도 이 업을 잘 알고 자신들의 방향성을 제시해 줄 수 있어서 입사를 결정했다고 했다. 그 말이 내게 정말 큰 힘이 되었고 그래서 난 도태되지 않기 위해 더 열심히 달려온 것 같다.

조직은 서서히 정비되어 갔고, 나는 다시 실무자의 눈으로 구조를 보고, 동시에 리더로서 방향을 잡아갔다. 그제야 알 것 같았다. 리더십은 직책이 주어졌다고 해서 만들어지는 게 아니었다. 파트장? 팀장?

본부장? 대표? 그 사실만으로는 누군가의 방향이 되어주진 않았다.

대표였을 땐 몰랐다. 그저 '내가 회사를 만든 첫 사람'이라는 생각이 누군가를 이끌고 있다고 착각하게 만들었다. 하지만 이곳에 온 후의 나는, 진짜 리더는 누구보다 가까이에서 감정을 함께 겪는 사람이 되어야 한다는 걸 알았다.

그리고 나는 믿기 시작했다. 이 업에서의 리더는, 실무자들의 리더로만 머물면 안 된다는 것을. 한국에서 이 산업을 가장 먼저 겪었고, 누구보다 많은 크리에이터들과 일하며 실패하고 또 성장했다. 그렇기 때문에, 크리에이터에게도 리더가 되어야 한다고 생각했다.

이 업에서 길을 찾고자 하는 크리에이터가 있다면, 그 크리에이터가 혼자 고민하지 않아도 되는 구조를 설계해야 한다고 판단했다. 그 사람의 콘텐츠와 감정이 외롭지 않도록, 그 사람의 창작이 다음 챕터로 이어질 수 있도록 판을 설계하고 방향을 고민하는 사람으로 남고 싶다는 생각을 하기 시작했다.

그러면서 어느덧 온웨이즈에서 생각했던 그 방식을 다시 대입해 보기 시작했다. 리소스를 단순 배분하지 않고, 크리에이터와의 관계를 기반으로 한 운영 방식. 효율이 아니라 감각, 수치가 아니라 대화를 중심에 둔 구조. 내가 하고 싶었던 방식들이 서서히 현실이 되기 시작했다.

첫 계약을 할 때는 직접 크리에이터를 모두 만났다. 그 사람의 지금까지의 콘텐츠를 학습했고, 눈을 맞추며 그 사람의 비전과 앞으로의 방향성에 대해 고민했다. 그와 동시에 이 크리에이터를 우리 내부에서 누가 맡으면 좋을지도 생각했다.

"계약서 쓰고 하루 이틀만 시간을 주실 수 있나요? 아무나 배정하는 것이 아니라, 잘 맞는 담당자를 배정하고 싶습니다."

크리에이터들은 고맙게 기다려주었다. 내가 어느 정도 이 담당자가 적합할 것이라고 판단한 후에 후보자들을 면담을 진행하면, 당연히 내가 상사였으니 부서원들은 부정하는 사람은 없었다.

"아 저는 해도 좋을 것 같고, 다른 담당자가 해도 좋을 것 같습니다."

"제가 해 보고 싶습니다."

그렇게 담당자가 결정되면, 크리에이터에게 연락하고 둘을 연결했다. 그렇게 일종의 정제를 거쳐 서로가 매치되니 크리에이터도 담당자도 기대하면서, 긴장하면서 각자의 퍼포먼스를 잘 낼 수 있었다. 만족도도 매우 높은 편이었고.

그리고 몇 개월 후, 나는 DIA TV 시절 직접 영입했던 크리에이터 써니와 다시 만나게 된다. 뉴욕 활동을 마치고 한국으로 돌아왔다는 소식을 들었고, 대표님과 함께 그녀를 만났다. 써니의 모든 비즈니스를 내가 전담하는 조건으로 우리 회사와의 계약을 제안했고, 써니는 나의 진심을 받아주고 들어와 주었다.

재미있는 재회였다. 정확히 2015년 1월에 메일을 보냈었는데, 그 당시 써니는 화장품에 관심이 많은 10대 소녀였고, 나는 MCN사업 확장을 위해 내 커리어를 위해 열심히 달리던 '김대리'였다. 그랬던 소녀 써니와, 열정 많던 김대리가 각자의 전문성을 키우고 단련된 후에 9년 만에 재회하게 된 것이다.

암모나이트 크리에이터와 삼엽충 담당자의 만남이랄까. 우리는 길게 이야기하지 않아도 서로의 전문성에 대해 파악하게 되었고, 파트너로서의 동기화를 불과 두 번 만의 미팅으로 완료했다.

크리에이터 DNA끼리, 일종의 텔레파시가 작용했다. 대면으로는 처음이었지만 최초에 DIA TV에서 영입을 한 것이 나였고, 그것을 통해 우선 반 정도는 신뢰가 구축되어 있었다. 첫 만남에서부터 우리는 함께 하게 될 것이라는 것을 알고 있었다.

두 번째 미팅은 강남의 한 카페에서 했다. 그날은 계약은 디폴트로 정한 상태에서 대화를 시작했다. 앞으로 어떤 식으로 콘텐츠를 올리고 채널을 운영하며, 회사와 나는 무엇을 가장 먼저 도와야 할 것인지에 대해 이야기 나눴다.

마치 오래전부터 함께 했던 파트너와 대화하듯이 막힘이 없었고, 대화에 흥미가 있었다. 이 시장을 바라보는 시각도 동일했고, 우려하는 바와 기대하는 바도 일치했다. 나이도 같았다, 띠동갑으로. 그래서 우리는 지금도 종종 호랑이 시너지라고 이야기하기도 한다. 세 시간 정도의 미팅만으로도 우리는 지난 9년간의 각자의 삶과 세월을 통과한 서로의 실력에 대해 인정하고 동기화하게 되었다.

써니와 함께라면, 그리고 새로운 판에서 만나는 크리에이터, 직원들과 함께라면 이번에는 정말 내가 설계하고 싶었던 구조를 하나씩 실현해볼 수 있을 것 같았다. 그 확신은 다음 장에서 더 자세히 이어진다.

| 2015년 1월 써니에게 보낸 제안 메일 중 일부 |

> ***판의 조각들 #10**
> —
> 이 장은 조각이 아니다. 판의 조각들을 모아주는 틀이다. 이 틀이 없다면 내가 다시 짜는 판을 완성할 수가 없다. 써니가 그 틀이 되어주기로 했다.

 ## 작지만 강한 조직

정예 모델의 구축

써니와 다시 함께하게 되면서, 나는 처음으로 말이 아닌 실행으로 '정예 중심의 MCN'이라는 개념을 실현해볼 수 있는 기회를 얻게 되었다. 무엇보다 중요한 것은 내가 다시 '뷰티'에 대한 실무 감각을 익히는 것이었다.

약 9년 전에 뷰티 크리에이터를 담당하고 이 업의 흐름을 익혔지만 그 이후로는 종합 카테고리의 비즈니스였지 뷰티는 디테일하게 바라보지는 못했다. 더욱이 남자인데다가 중년을 바라보는 나이였으므로, 내 아내의 쿠션 호수와 퍼스널 컬러도 잘 모르던 나는 많은 공부가 필요했다.

직접 바를 수는 없었지만, 많은 제품들을 찾아보고 뷰티 크리에이터들의 영상을 살펴봤다. 또한 써니의 영상들을 보면서도 중요한 지점들을 학습해 나갔다. 마침 K뷰티가 전 세계로 쭉쭉 뻗어나가던 시기라, 정말 많은 제품이 시장에 나왔기 때문에 모든 브랜드를 외울 수는 없었다.

단순한 협업 단가 외에도 2차 활용, 라이선스에 대해서도 잘 파악했다. 뷰티 카테고리는 다양한 활용을 할 수 있으므로 초상/성명권이나 온라인 광고, 상업적 활용 등의 개념에 대해서도 배웠다.

써니와의 협업은 시작부터 다르게 진행되었다. 유튜브, 인스타그램, 틱톡을 모두 운영하는 크리에이터였던 그녀는 각 플랫폼에서 서로 다른 팬층을 보유하고 있었고, 국가, 연령대, 콘텐츠 기대치 모두가 분리되어 있었다. 우리는 이 플랫폼들을 단일한 채널로 묶기보다는 각기 다른 브랜드처럼 다뤘다.

그 안에서 그녀의 콘텐츠를 어떻게 조율하고, 광고와 협업을 어떻게 구조화할 수 있을지를 하나씩 설계했다. 예를 들어 같은 브랜드 광고라도 유튜브에서는 라이프스타일 기반의 내러티브형 영상으로, 인스타그램에서는 감성적인 비주얼 중심의 피드 콘텐츠로, 틱톡에서는 짧고 중독성 있는 후킹 영상으로 풀어냈다. 콘텐츠는 겹쳤지만 피로도는 없었고, 플랫폼별로 전혀 다른 반응과 재확산 흐름이 만들어졌다.

그리고 무엇보다 써니에게 고마웠던 점은 '신뢰'를 바탕으로 한 '위임'이었다. 그녀는 크리에이터로서의 제작과 디렉션에 신경 쓰고 사업에 관한 모든 것들은 전적으로 나에게 맡겼고, 내가 방향성을 제시하면 반론하는게 아니라 그냥 믿고 함께해 주었다.

광고 단가 책정도 마찬가지였다. 기존에 책정된 단가는 내게 중요하지 않았다. 그게 그렇게 비쌌던 것도 아니지만, 그렇다고 낮은 단가도 아니었다. 우리는 끊임없이 소통하며 각 단가에 대한 리스크와 기대감을 이야기하고 하나하나 단가를 새로 정했고, 제법 괜찮은 단가 테이블이 만들어졌다. 많은 브랜드와 대행사에서 연락이 왔고, 매우 순조롭게 각 캠페인이 진행됐다.

'무가 방문'에 대해서도 생각이 같았다. 사람과 사람이 만나는 지점이 오프라인 공간이고 거기서 발생하는 새로운 관계와 비즈니스가 있을 것이라 생각해왔는데, 써니의 생각도 100% 일치했다. 그래서 그녀는 시간이 날 때면 웬만한 팝업을 찾았고, 브랜드의 부탁이 있었던 것도 아닌데도 자발적으로 SNS에 포스팅도 진행했다. 내가 필요할 때는 최대한 동행했다.

우리는 그 실험을 통해 하나의 사실을 다시 확인했다. 크리에이터 비즈니스에서 가장 중요한 단위는 콘텐츠가 아니라 '사람'이라는 점. 그리고 그 사람을 중심으로 구조를 짜면, 시스템은 오히려 더 유연해지고, 광고주와의 협업도 훨씬 안정적인 설계가 가능하다는 점이었다.

실제로 브랜드 쪽에서도 "이렇게까지 잡음없이 캠페인을 진행해 보는 경우는 드뭅니다."라는 반응을 보였고, 우리 내부적으로도 콘텐츠 운영, 매출, 팬 반응 모든 면에서 예측 가능한 성장 흐름이 만들어지기 시작했다. 그리고 그 결과 나 역시 광고 대행사의 실무자들과 사적으로도 제법 친한 관계가 되었다. 권위적인 이사가 아니라 찐으로 오래 한 실무자, 파트너가 되고 싶었다.

강연자로서의 실험도 해 보았다. 나도 강연을 많이 하는 사람으로서 기본적으로 대화를 해 보면 이 사람이 강연자의 소질이 있는지 없는지가 어느 정도 파악된다. 써니는 경험이 깊은 크리에이터이기도 했지만, 제작 이외에도 콘텐츠에서 메이크업을 풀어내는 그 화술이 남달랐다. 화려한 액션은 없었고, 말투도 차분했지만, 오히려 그래서 더 신뢰가 가고 자신감이 느껴졌다.

모두가 아는 한 플랫폼의 컨퍼런스에 써니를 추천하고 연사로 세웠다. 첫 강연이라 많이 걱정이라던 그녀는 그날 그 어떤 연사보다도 잘 해냈다. 자신만의 언어로 지금까지 본인이 제작하며 습득했던 트렌드 캐치법에 대해 이야기했다.

반응은 폭발적이었다. 강연을 들은 많은 업체 사람들이 나와 써니에게 명함을 전달했고 브랜디드 캠페인에 대해 논의할 수 있게 되었다.

우리의 첫 마켓 시도도 인상적이다. 마켓의 본질은 상업적인 것인데 콘텐츠에서의 마켓은 '상업적'으로 비춰지면 안되는 모순을 갖고 있다. 한 브랜드의 요청으로 함께 고민했고, 다양한 시도를 통해 성장하고 발전하고자 하는 마음이 같았으므로 흔쾌히 첫 마켓을 수락했다.

결과는 아주 만족스러웠다. 브랜드는 좋은 결과라 말은 해줬지만 아쉬움이 있었을 수 있다. 하지만 적어도 우리에겐 뿌듯한 결과였다. 첫 마켓을 진행해 보면서 제품을 팬과 소비자 한 명, 한 명에게 다가가듯 알리고 판매한다는 것이 얼마나 어려운 일인지 알게 되었다. 지속적으로 소통하며 마켓과 공동구매를 진행하는 인플루언서들이 얼마나 대단한 것인지를 실감하기도 했다.

라이브커머스의 호스트 역할도 경험중이다. 본인이 제작하는 콘텐츠에서는 매우 유창하게 말을 하고 논리를 펼치는 크리에이터도 생방송에 약한 경우가 많다. 그녀가 너무나도 잘 아는 코스메틱 분야에 대해서는 라이브 커머스에서도 멋진 모습을 보여줬다. 라이브커머스의 핵심은 소통인데 아직 경험이 많지 않았음에도 중간마다 시청자들의 댓글에 반응하고 제품에 대해 진정성 있게 설명해주었다.

그냥 뷰티 크리에이터로서가 아니라 라이프스타일 전반의 인플루언서, 그리고 나아가 강사, 라이브커머스 호스트, 셀러 등으로 뻗어나가는 실험을 했다. 그리고 그녀가 궁극적으로는 강렬한 '브랜드'가 될 수 있다고 생각했다.

그 결과 써니와 함께 되짚어보니, 1년 동안 진행을 안해본 브랜드가 없을 정도였다. 출장을 가면서 면세점을 볼 때 그 안에 입점된 뷰티 브랜드가 다 써니와 함께 했던 브랜드라 기분이 너무 좋았을 때가 있다. 써니도 말하길 어느날 백화점에 갔는데 그 곳의 브랜드가 다 해봤던 브랜드라 뿌듯한 때가 있었다고 말했다.

이후로는 여러 히트 콘텐츠도 만들었다. 가장 인상깊었던 것은 '15분컷 퀵 스모키 메이크업' 영상인데 릴스와 쇼츠를 합쳐 2,000만 조회 수를 찍었다. 그녀의 숏폼 능력과 메이크업 실력이 돋보이는 콘텐츠였다. 그리고 메이크업의 거장 피터 필립스와 함께 콜라보 영상을 찍던 날의 기쁨과 뿌듯함은 최근 나의 원동력으로 작용한다.

써니와의 협업이 단순하게 개인적인 신뢰 관계에 머물렀다면 이 구조는 확장되지 않았을 것이다. 하지만 우리는 이 실험을 하나의 템플릿으로 삼아, 이후 다양한 크리에이터들에게 이 구조를 적용해 보기 시작했다. 이 실험들은 단순히 크리에이터의 역할을 늘린 것이 아니라, 우리가 말하는 '정예구조'가 실제로 어떤 가능성을 갖는지를 보여주는 테스트셋이였다.

| 15분 컷 퀵 스모키 메이크업 |

첫 신년회에서 구성원들과 크리에이터들에게 밝힌 비전이 있었다. 단순한 메이크업, 스킨케어를 넘어서 뷰티 전반으로, 더 나아가 광범위한 라이프스타일 카테고리로 회사를 확장하겠다는 비전이었다.

실제로 우리는 카테고리와 플랫폼의 폭을 넓혀 다양한 크리에이터들을 추가로 영입했다. 정서적으로 깊은 커뮤니티 팬덤을 지닌 땡절스 남매, 걸그룹 여자친구 출신으로 뷰티와 엔터를 동시에 소화하는 김소원, MZ세대에게 가장 힙한 트렌드 감각을 보여주는 찰스엔터 같은 크리에이터들이 합류하면서 회사의 포지션도 더 넓고 깊어졌다.

또한 차별성 있는 감각으로 브이로그를 설계하는 세리티, 남미 지역에서 활발한 리액션과 구매 반응을 유도하고 있는 소연뷰티, 그리고 룩북이라는 카테고리 안에서 희소한 감각을 보여주는 아네딘까지... 대부분의 크리에이터들은 단지 조건이 아닌 회사의 비전과 '나'라는 사람을 보고 계약서에 서명해주었다. 이때부터 우리가 새로 짜왔던 구조를 다른 개성과 다른 카테고리에 이식하는 실험을 시작한 셈이다.

이 시점에서 우리가 운영하는 방식은 더 이상 단순한 MCN의 매니지먼트가 아니었다. 온웨이즈에서 연습했던 그 방식, 그리고 더 발전된 방식으로 각 크리에이터 담당자를 철저히 검증하고 배치하는 체제를 유지했다. 시스템보다는 관계, 절차보다는 맥락이 우선이라는 것을 계속 확인해갔다.

이 2년 정도의 실험은, 내 입으로 말하기엔 민망하지만 꽤 의미있는 증거가 되었다. 단지 성공의 문제가 아니라, 이 구조가 사람을 지치게 하지 않고 제법 탄탄하게 갈 수 있겠다는 신호였다.

그 결과 크리에이터의 만족도는 매우 높았다. 물론 담당자의 만족도는 또 다른 이야기겠지만, 그것은 내가 조직을 리딩하는 입장에서 지속적으로 케어하고 토론하며 바꿔나가야 할 몫이다.

나는 이 구조를 보며 확신하게 됐다. MCN이 가진 한계를 넘어서려면, 결국 계약이 아니라 관계에서 시작해야 하고, 크리에이터의 감각을 실무화할 수 있는 팀이 필요하며, 광고와 콘텐츠 사이를 조율할 수 있는 설계자가 있어야 한다.

이 세 가지 조건이 충족되었을 때 얼마나 안정적이고 확장 가능한 구조가 나올 수 있는지를 보여주는 결정적 사례들이 만들어지고 있다. 이 구조 또한 약점이 있을 것이다. 우리는 많은 변수를 경험할 수밖에 없다. 시장의 변화, 대중의 변화, 그리고 무엇보다도 여전히 우리는 '사람'이기 때문에 균열이 일어나고 붕괴할 수 있기 때문이다.

실제로 크리에이터의 잘못이 아닌, 그가 돌발적으로 겪게 되는 건강, 가정사, 미래에 대한 고민, 콘텐츠에 대한 리스크 등은 우리가 미리 예측할 수 없는 강한 리스크다. 그래서 그 리스크가 왔을 때에 대한 대비를 다양한 플랜으로 해 두어야 한다.

결국 이 챕터는 단순한 성과 보고가 아니다. 다음 창업을 향한 예고편이자, 내가 만들고 싶었던 구조가 이전보다 훨씬 현실에 가까워진 순간의 기록이다. 사람 중심의 조직은 단지 선언이나 구호가 아니라, 실제 구조와 운영 방식으로도 작동할 수 있다는 걸 보여줬다. 그리고 이제, 그 구조를 한 단계 더 발전시킬 준비를 하고 있다.

> ***판의 조각들 #11**
> —
> 이 챕터에는 굉장히 많은 조각이 있다. 현 회사의 구성원들, 크리에이터들, 관계된 대행사와 광고주들. 그 조각들이 모여 하나의 커다란 조각이 된다. 그리고 그 조각이 이 판의 핵심이 된다.

제4부

다음 구조

기술, 감정,
그리고 사람

 ## 나는 왜 아직 이 업을 사랑하는가?

감정의 회복

나는 이 일을 매우 사랑한다. 하지만 이것은 아주 고약하고 불편한 사랑이다. 이 일은 결코 쉽지 않다. 콘텐츠는 매일 변하고 플랫폼은 자주 뒤바뀌며 크리에이터와 브랜드, 실무자 사이의 관계는 예상보다 훨씬 빠르게 무너지고 다시 세워진다.

겉으로 보기엔 트렌디한 업계고, 열정으로 움직이는 듯 보이지만, 실제 현장에선 진심이 소비되고, 감정이 쉽게 닳고, 관계는 언제든 거래로 환원된다. 나는 그 안에서 수없이 많은 이별과 피로를 경험했고, 그때마다 스스로에게 질문을 던졌다.

'이 일은 계속할 가치가 있을까? 나는 왜 아직도 이 판에 머물고 있을까?'

그런 질문은 한두 번이 아니었다. 크리에이터가 갑작스럽게 이탈하거나, 동료들이 조용히 사직서를 내고 회사를 떠날 때, 광고 성과가 좋지 않아 야근을 반복하고도 결과를 설명할 언어가 떠오르지 않을 때, 나는 이 일이 과연 사람을 위한 일인지 회의하게 되었다.

그리고 정작 구조를 설계하고 있다는 내가, 어쩌면 그 구조에 스스로 지쳐가고 있다는 생각에 복잡한 감정을 느꼈던 적도 있었다. 그러나 그 모든 의심의 끝에서, 발견하게 되는 건 언제나 한 가지였다. 이 업을 여전히 사랑하고 있다는 점이다.

그 사랑의 이유는 단순하고 명확하다. 이 산업은 끝끝내 사람이 남는 일이다. 아무리 플랫폼이 바뀌고 기술이 진화해도, 결국 화면을 채우는 건 사람의 얼굴이고, 자막 아래엔 사람의 말투가 깃들어 있으며, 영상 속 이야기에는 누군가의 마음이 들어 있다. 크리에이터는 데이터를 생산하는 존재가 아니라, 불완전한 언어로 세상에 말을 거는 사람들이다.

그들은 완벽하게 준비된 콘텐츠보다, 지금 이 순간의 감정을 담아내는 것을 선택하고, 때로는 실패할 걸 알면서도 이야기하고자 한다. 그리고 나는 그런 사람들 곁에 있는 것이 좋다. 그들의 감정을 같이 고민하고, 브랜드의 언어를 그들에게 맞추어 설계하며, 어느 날 반응이 터졌을 때 '이건 우리가 만든 이야기'라고 말할 수 있는 순간 말이다.

오래전 뷰티 크리에이터를 담당할 때, 그 당시의 나를 정말 난감하고 힘들게 했던 캠페인이 생각난다. 아주 인지도 있는 브랜드였는데, 그때 그 일이 어려웠던 이유는 네 명의 크리에이터를 묶어서 4개의 콘텐츠를 만들고 각 크리에이터의 채널에 올리는 것이었다.

지금의 구조로는 별로 어려운 구조가 아니었지만, 그 당시는 거의 최초의 캠페인 컨셉이었다. 4개의 제품을 4명의 크리에이터가 각각 자신의 언어와 그림으로 소개해야 하다보니 최초의 제품 선정에서도 많은 어려움이 있었다. 네 명의 크리에이터가 다 1번 제품이 좋다고 하면 2, 3, 4번은 누구로 배치해야할지도 애매했기 때문이다.

다행히 대행사가 아닌 광고주와의 직접 커뮤니케이션이었지만 난 정확히 다섯 명의 사람과 소통을 해야 했고, 이들 각각의 변수에 대해서 수습할 노하우가 적었다. 예를 들면, A크리에이터가 예정되었던 일정에 개인적 사정이 생겨 업로드가 불가하게 됐다. 그럼 B나 C에게 업로드 일정을 바꾸는 것을 이야기해야 됐다.

"저도 그날은 안되는데요. 갑자기 바꾸자고 하시면 어떡해요."

광고주에게 사정을 얘기하면,

"대리님, 이거 업로드 일자는 이미 상부 보고도 다 되어서 저도 바꿔드릴 수가 없어요. 죄송해요."

글을 쓰면서도 그 당시 간담이 서늘해졌었던 생각이 난다. 업로드 일정을 다 조율하고 이제 콘텐츠만 나오면 되겠다 생각할 무렵, 광고주 쪽 실무자가 전화했다.

"대리님. 진짜 죄송한데 저희 제조 일정에 차질이 생겨서 제품 출시가 2 - 3주 밀릴 것 같아요. 정말 죄송합니다. 크리에이터분들 설득 좀 잘 부탁드려요."

지금도 발생할 수 있는 그러한 변수들이지만, 그 당시엔 업계에서 거의 최초로 겪는 상황이었다. 솔루션도 없고, MCN 선배도 없고 정말 힘들었던 기억이 난다.

고민 끝에 정면 돌파를 선택했다. 네 명의 크리에이터 각각에게 전화를 걸었다.

"○○ 님 한 분만 진행하고 있다면 훨씬 수월할 텐데, 총 네 분이 함께하고 계시다 보니 제품뿐 아니라 일정 하나하나가 정말 복잡하네요. 하지만 최선을 다하고 있습니다!"

모두가 만족할 수 있는 캠페인을 만들고 싶었지만, 이번에는 광고주 쪽 이슈가 컸다. 일정이 밀리게 될 경우, 각 크리에이터가 양보할 수 있는 최대 범위를 들었다. 그리고 그 일정을 엑셀로 정리한 후, 네 명의 교집합을 찾아보고 불가능한 날짜를 제외했다. 단순히 톡이나 문자로 안내한 것이 아니라, 직접 전화를 걸어 상황을 설명하다 보니, 크리에이터들은 '사실 대리님 잘못은 아니죠. 고생 많으세요'라며 오히려 내게 위로를 건넸다.

결과적으로 모든 일정은 무리 없이 정리되었고, 최종적으로는 우리 회사나 크리에이터의 귀책이 아닌, 광고주의 귀책이라는 점이 분명했기에, 나는 오히려 큰소리칠 수 있었다. 나와 크리에이터들은 해냈다. 그래서 '우리가 만든 이야기'가 될 수 있었다.

나는 크리에이터를 숫자로 보지 않는다. 정확히 말하면, 숫자가 쌓일 때보다 크리에이터가 자신의 말투를 회복할 때를 더 중요하게 여긴다. 수익보다도, 어떤 톤과 태도가 다시 살아나는 그 순간이, 이 일이 사람과 함께 움직이고 있다는 증거처럼 느껴진다.

그래서 여전히 지치지 않고 이 일을 이해하며 해 나갈 수 있다. 구조가 관계를 이길 수 없고, 전략이 감정을 대체할 수 없는 업계에서, 여전히 감정을 설계하고, 관계를 지키는 일이 가능함을 알고 고민하고 있다.

그 이유 때문인지 나는 지금도 10년 넘게 알고 지낸 크리에이터들과 연락을 자주 주고받는다. 이 업계가 얼마나 유동적인지, 그 안에서 얼마나 많은 관계가 스쳐 가는지를 생각하면, 그것 자체가 의미 있는 일이라고 느낀다. 그리고 그 크리에이터들이 공통적으로 내게 해주는 말이 있다.

"이사님은 이 일이 천직인 것 같아요."

그 말이 칭찬인지 위로인지, 혹은 책임의 전가인지 잘 모르겠지만, 나로선 그 말이 이 업에 계속 남아있는 내 이유를 가장 단순하게 요약해주는 문장이기도 하다.

나는 앞으로도 이 판을 떠날 생각이 없다. 이유는 간단하다. 아직도 이 산업이 사람을 중심으로 설계될 수 있다고 믿고 있기 때문이다. 콘텐츠의 정답은 매번 달라지지만, 구조의 중심은 여전히 '사람'이어야 한다. 나는 그 믿음을 현실로 만드는 데 필요한 감각과 경험을 쌓아왔다고 생각하고 있고, 이제는 그것을 다음 판에서 더 단단한 형태로 설계할 수 있다고 믿는다. 그래서 다시 구조를 짜는 일에 손을 얹고 있다.

얼마 전에는 크리에이터를 육성하는 사업을 우리 회사가 수주하게 되었다. 실무자로서의 내가 하기에는 수월한 사업이었지만, 큰 사업 프로젝트 경험이 없는 담당자에게는 꽤 어려운 숙제의 사업이었다. 다행히 훌륭한 본부원들 덕에 기획이 잘 되고 광고주, 주관사와 커뮤니케이션이 잘 되었지만 가장 중요한 것이 선배 크리에이터로서 멘토가 되어줄 크리에이터가 필요한 점이었다.

여기서도 내가 이 일을 사랑하는 것에 대한 증명을 하고, 스스로 보람을 느끼게 된 대목이 있다. 그 멘토 세 명 모두 나와 친한, 꽤 오래된 베테랑 크리에이터들로 구성할 수 있었다는 것.

분명 각자의 바쁜 일정이 있을 것이고, 부담감도 있었을 텐데 내가 손을 내밀었을 때 고민 없이 흔쾌히 내 부탁을 들어주었다. 그들과 쌓아왔던 관계와 그들을 향한 내 애정이 입증될 수 있는 순간이었다. 그렇게 늘 경험하고 느끼며 다짐하고 달린다.

달리다가 넘어질 때 나를 다시 일으켜 세워주는 사건도 있었다. 예상치 못한 큰 '가르침'이었는데, 나는 지치고 힘들 때 국토종주 추억과 더불어 이 추억을 떠올린다. 몇 해 전, 사이버대학교에서 겸임교수로 있던 시절, 1인미디어, 디지털콘텐츠 관련한 강의를 맡았던 적이 있다. 당시 200여명의 학생들이 수강했는데, 사이버대학교라서 연령대가 다양했다.

기말고사를 제법 변별력있게 출제했는데, 십여 명의 학생들이 만점을 받았다. 근데 그 중 61세의 학우가 눈에 띄었다. 정말 놀라웠다. 얼마나 열심히 공부하고 노력했을까. 감사한 마음에 학교 포털로 접속해서 그 학우님께 쪽지를 보냈다.

'제 어머니 또래신데 어떻게 이렇게 공부를 열심히 해서 다 맞으셨는지 정말 놀랍고 머리가 숙여집니다. 제 수업을 잘 들어주셔서 감사합니다.'

돌아온 답장이 나를 더 깊게 흔들었다.

'교수님, 교수님께서 제 아들 또래인 것은 중요하지 않습니다. 교수님은 제 스승님입니다. 제 아이들도 제가 유튜브, 인스타그램, 틱톡을 이렇게 잘 아는 것을 보고 놀랍니다. 좋은 가르침을 주셔서 감사드립니다.'

그 답장은 매우 강렬했다. 환갑의 나이에도 이렇게 노력하고 성장하려는 분이 있는데 나는 무엇을 핑계로 피곤하다, 시간이 없다고 했던 것일까. 나에 대한 발전에 박차를 가하고 더 판을 짜는 체력을 기르고 가능성을 열어가기로 다짐했다.

다만 고민이 되었던 포인트가 있다. 이 열정과 다짐, 다시 식어버리면 어쩌지? 내가 길다면 길고 짧다면 짧은 12년 간의 경험에서 겪지 못했던 엄청난 변수가 또 다가오면 어떻게 하지? 그리고 수많은 나의 시간을 포함한 리소스, 나이는 먹었는데 낭비되면 어쩌지 등의 생각이 가끔 나를 혼란스럽게 했다.

나는 그 고민을 해결해 줄 솔루션으로 기술을 떠올렸다. 정확히 말하면, 기술을 회피가 아니라 구조의 도구로 쓰는 방식을 떠올렸다. 나의 리소스를 굉장히 효율적으로 사용할 수 있게 도와줄 것이고, 학습되어있는 데이터 기반으로 기본적인 리스크를 미리 예측할 수 있도록 해줄 것이라 판단했다. AI는 감정을 대신하진 못한다. 하지만 감정이 소모되지 않게 해주는 역할은 할 수 있다.

그건 그냥 효율이 아니라, 구조의 생존 전략이었다. 그렇게 나는 다시 실험을 시작했다. 이번엔 사람의 감정을 지키기 위해, 기계와 함께 구조물의 일부를 짜보기로 한 것이다.

> ***판의 조각들 #12**
> —
> 천직이란 뭘까. 나는 이 일을 정말 좋아한다. 동시에, 정말 힘들어한다. 그럼에도 계속하는 이유는 나 같은 사람들이 모이면, 이 판을 바꿀 수 있다고 믿기 때문이다.

제4부 | **다음 구조** - 기술, 감정, 그리고 사람

 **13장 AI는 도구인가, 파트너인가?**

기술을 통해 감정을 보존하다

AI가 모든 산업의 흐름을 바꿔놓고 있다는 이야기가 많이 들려온다. 영상 편집, 자막 생성, 썸네일 추천, 음성 합성, 콘티 제작, 데이터 기반 기획서 자동화까지, 콘텐츠 산업에서 AI가 들어오지 않은 영역은 이제 거의 없다.

예전에는 제작에 며칠씩 걸리던 일이, 지금은 클릭 몇 번으로 가능해졌고, 크리에이터가 감각적으로 수행하던 수많은 작업 역시 이제는 AI가 추천과 자동화로 대체해주는 시대가 되었다. 많은 이들이 이런 흐름을 보며 말한다.

"AI가 결국 크리에이터를 대체할 것이다."

그러나 나는 그렇게 생각하지 않는다. 오히려 그 반대다. 콘텐츠 비즈니스의 본질은 감정과 해석에 있으며, 그것은 여전히 인간의 결핍, 망설임, 그리고 경험에서 비롯된다. AI는 망설이지 않고, 결핍을 느끼지 않으며, 예측 가능한 결과를 빠르게 만들어내지만, 바로 그 점 때문에 AI는 크리에이터 그 자체가 되기는 어렵다고 본다. 뛰어난 어시스턴트가 될 수는 있어도, 이야기의 주인은 아직 인간이다.

나는 실제로 다양한 실험을 진행해왔다. 어떤 크리에이터는 AI에게 영상 콘티를 맡겼고, 또 다른 크리에이터는 음성을 합성해 내레이션을 만들었다. 또 다른 이들은 영상 요약과 자막 작업을 AI에게 넘기고, 콘텐츠의 서사와 톤앤매너에 더 집중했다.

그 결과, AI는 제작 시간을 줄여줬고 피로도를 낮췄으며 반복 작업을 자동화했다. 하지만 콘텐츠의 감정선을 완성하지는 못했다. 리듬은 맞지만 맥락이 부족했고, 톤은 고르지만 말의 표정이 없었다. 결국 크리에이터들은 AI가 만든 결과물 위에 자신만의 언어를 다시 덧입혔고, 그 감정을 넣는 마지막 작업은 언제나 인간의 몫이었다.

이 과정을 겪으며 중요한 통찰을 얻었다. AI는 효율을 보장하지만, 감정의 맥락은 생성하지 못한다. 그렇기 때문에 우리는 AI를 단순한 대체 도구로 볼 것이 아니라, 조직 안에 어떻게 설계할 것인지 고민해야 한다. 지금 AI는 편집자, 보조 기획자, 제안서 초안 작성자 역할까지 수행할 수 있다. 그렇다면 실무자와 크리에이터는 이 기술을 어디에 배치하고, 어떤 방식으로 협업 구조에 녹여야 할지 결정해야 하는 시점이 온 것이다.

나는 AI를 단순한 툴로만 두지 않는다. AI는 이제 '팀의 일원'으로 설계되어야 한다고 생각한다. 예를 들어 크리에이터와 담당자 사이의 커뮤니케이션 로그를 분석해 피로도를 낮추는 피드백 툴로 활용하거나, 담당자가 퇴사하더라도 크리에이터별 성향과 협업 히스토리를 AI가 기억해 지속성을 보장하는 구조를 만들 수 있다. 업무 자동화를 넘어서, 관계의 연속성을 확보하는 기술로 진화하는 것이다.

무엇보다 AI가 시간을 줄여줄 때, 그 남는 시간에 무엇을 할 것인가가 중요하다. 예컨대, 영상에 등장하는 반복 키워드, 특정 댓글의 분위기, 댓글을 쓴 사람들의 온도, 평균 시청 시간, 클릭률, 이탈률, ROI(Return on Investment) 같은 수많은 데이터는 인간이 손으로 직접 다루기엔 시간이 너무 오래 걸린다. 이런 영역은 AI가 훨씬 더 빠르고 정교하게 분석할 수 있다.

하지만 그렇게 생성된 데이터를 어떻게 해석하고, 크리에이터의 말투나 콘텐츠 리듬과 연결시켜 어떤 방향성을 설계할 것인가는 결국 사람의 감각이 결정한다. 진짜 인간 담당자가 해야 할 일은 바로 이 지점이다. 기계가 감정의 결과를 도출해줄 수는 없기에, 여전히 사람만이 할 수 있는 설계와 해석이 존재한다.

실제로 나는 AI를 단순한 실험이 아니라, 진짜 크리에이티브 도구로 받아들이기 시작했다. 예컨대, 내 중고등학생 시절을 키워주신 외할머니의 생신을 기념해 특별한 프로젝트를 만들었다. 처음에는 단순히 감정에서 출발했지만, 기술적으로는 막막했다. 나는 애니메이션도, 작곡도, 영상 연출도 할 줄 몰랐다. 그런데 그 순간, AI라는 조력자가 떠올랐다.

ChatGPT로 시나리오와 장면 구성을 짰고, KLING으로 애니메이션을 만들었으며, SUNO로 음악을 제작했다. 목소리와 자막은 내가 직접 조정했고, 최종 편집은 어도비 프리미어로 마무리했다. 기술은 도구였고, 감정은 방향이었으며, AI는 그 사이를 잇는 동료가 되어줬다.

그 뮤직비디오는 외할머니는 물론 어머니, 삼촌들, 가족 모두를 울렸다. 유튜브에는 올리지 않았다. 공개를 위한 콘텐츠가 아니었기 때문이다. 누군가에겐 단지 짧은 영상일 수 있지만, 우리 가족에게는 사랑과 기억을 저장한 시간의 캡슐이었다.

이 경험은 나에게 AI에 대한 확신을 줬다. 기술은 감정을 대체할 수 없지만, 감정을 보조하고, 확장하고, 오래 남게 만들 수는 있다. 사람이 할 수 없는 것을 대신하는 기술이 아니라, 사람이 더 '사람답게' 행동할 수 있도록 돕는 기술. 나는 그것이야말로 우리가 AI와 함께할 이유라고 믿는다.

| 온 가족을 울린 AI로 만든 내 뮤직비디오 |

우리는 이제 구조를 다시 정의해야 한다. 콘텐츠를 만들고 관리하는 시스템이 아니라, 크리에이터가 자신의 감정을 잃지 않도록 돕는 시스템으로. 그리고 그 일에 AI는 반드시 함께해야 할 존재다.

개발 측면에서도 AI의 가능성을 체감하고 있다. 대학 시절, 몇 달을 밤새워야 겨우 완성하던 코드가 이제는 몇 분 만에 구현되는 걸 보면서, 이것은 단순한 기술 진보가 아니라 진짜 혁신이라고 느꼈다.

그 덕분에 나는 앱 개발 경험이 없음에도, 평일엔 얼굴 보기도 어려운 아들들을 위해 내 목소리로 동화를 녹음해 앱을 만들었고, 그것을 아내와 아이들의 스마트폰에 설치해줄 수 있었다. 나는 이런 일들이야말로 AI의 순기능이라고 믿는다. 사람의 감정, 창작, 사랑의 표현을 더 자유롭게 만들 수 있는 기술. 그것이야말로 우리가 AI와 함께해야 하는 이유다.

우리 회사의 직원들이나 크리에이터 비즈니스를 하는 후배들에게 늘 하는 이야기가 있다. 아무리 기술이 진보하고 시간이 지나더라도 AI가 우리를 대체할 수 없다고. 이 업은 우리 '인간'만이 할 수 있는 일이다.

쉬운 예를 들면 광고 캠페인도 그렇다. 브랜드와 대행사, 소속사, 크리에이터 모두 사람이다. 광고주 윗선의 승인, 대행사 담당자의 개인적인 사정, 소속사 담당자의 휴가, 크리에이터의 여행이 순차적으로 겹쳐있다고 가정하자.

각자 주고받은 계약서가 있을 것이고, 예정된 업로드일이 있을 것이기 때문에 각 사람이 최대한 이 콘텐츠가 잘 올라가기 위해 사람으로서의 노력을 할 것이다. 때에 따라 언성을 높여 논쟁을 할 수도 있을 것이고 사람이기에 서로 공감하며 조율을 할 수 있을 것이며, 독려하면서 좋은 결과물이 나오도록 힘을 낼 수 있다. 우리는 감정을 가지고 있으니까.

그러나 AI는 감정을 만들어내지 않는다. 사람 기반 비즈니스에서 펼쳐지는 수많은 변수와 혼재하는 감정들 사이에서 기계적인 솔루션으로는 좋은 결과물을 낼 수 없다. 물론 AI가 감정을 더 오래, 더 명확하게 남길 수 있는 도구는 될 수 있다. 그리고 나는 지금, 그 도구를 인간의 감각과 연결하는 설계를 하고 있다. 기술은 결코 사람을 이기지 않지만, 사람은 기술을 더 잘 쓸 수 있다. 나는 그걸 알고 있고, 다음 판에서는 반드시 그렇게 만들 것이다.

물론 좋은 점만 있는 것은 아니다. AI의 발달이 행복한 미래만 설계하는 것은 아니라는 사람들의 의견에도 동의한다. 특히 영상 합성이나 음성 합성 기술도 고도화 됨에 따라 이것이 범죄에 활용될 가능성도 배제할 수는 없다.

AI에 대한 고민을 해 보면서 두 가지 영화를 떠올렸다. 30년은 되어가는 영화 '바이센테니얼맨'과 40년이 넘은 영화 '터미네이터'다. 말도 안 되는 이야기라 여겼던 영화의 내용들이 이미 현실화 되고 있다.

영화 바이센테니얼맨은 '파트너'로서의 기계가 잘 담겨있다. 가사 로봇을 넘어 하나의 인간이 되고자 했던 기계의 이야기는 흑화되지 않은 AI가 갈 수 있는 종착역을 잘 보여준다.

영화 터미네이터는 인류를 위협하는 무서운 기계, 스카이넷의 등장을 다룬다. 도구에서 파트너로 진화한 AI가 나아가 인류에게 가장 치명적인 무기가 될 수 있음을 보여주는 영화다.

결국 나는 이런 생각을 하게 된다. 기술은 도구다. 하지만, 잘 설계된 도구는 파트너가 될 수도 있다. 그리고 그 파트너십이 어디까지 갈 수 있을지는, 사용하는 인간의 태도에 따라 달라진다.

AI가 감정을 대체할 수는 없지만, 감정을 기억하게 만들고, 정리하게 만들고, 나누게 만들 수는 있다면 나는 그걸 두려워하기보다 더 잘 쓰는 쪽을 택할 것이다.

바이센테니얼맨이 인간이 되고자 했던 건, 인간이 가진 감정의 깊이와 복잡함 때문이었을 것이다. 스카이넷이 인간을 제거하려 했던 것도, 인간의 비효율과 불완전함 때문이었다.

둘 다 너무 극단적이지만, 나는 그 사이 어딘가에서, 기술을 동료처럼 쓰는 길을 찾고 있다. 기계는 사람을 이길 수 없다. 하지만 사람은, 기계를 이해하는 만큼 더 멀리 갈 수 있다. 나는 그걸 알고 있고, 이 장도 그런 실험의 결과다.

그리고 그 결과를 학습하여 내가 몸담은 비즈니스에서도 더 효율적인 결과를 만들 수 있다.

> ***판의 조각들 #13**
> —
> 나는 의식주 다음으로 중요한 것이 콘텐츠라고 믿는다. 그리고 그 다음은 기술이다. 이 다섯 중 하나라도 무너지면, 삶은 흔들린다. 숙제는 여전히 많다. 하지만 우리는 공존하며, 결국 더 나은 콘텐츠를 만드는 쪽으로 가야 한다.

크리에이터 비즈니스는 계속된다

다음 구조는 어떻게 설계하는가?

이제 MCN이라는 말은 더 이상 트렌드를 담을 수 없는 용어이며, 관련 회사들은 예전만큼의 위력을 갖지는 못한다. 그러나 역설적으로 소규모 크리에이터 에이전시들이 증가하고 있고 크리에이터들은 더 독립적으로 움직이고, 브랜드는 스스로 콘텐츠를 만든다.

플랫폼 또한 바뀌고 있다. 유튜브 전성시대가 유지되고 있지만 인스타그램과 틱톡은 각자 그 역할을 충실히 수행하고 있다.

우리나라 라이브 방송의 새로운 판을 만들 것으로 예상되었던 트위치가 철수한 것을 생각하면 영속할 수 있는 플랫폼은 없고, 늘 변수가 존재한다. 한동안 숏폼이 대세고 숏폼 중심의 시장 구조가 흘러갔지만 이미 다시 플랫폼의 사용자는 미드폼과 롱폼에 집중하고 있는 모양새다.

블로그가 지나가고 영상의 시대가 온다고 이전에 많은 이들이 말했다. 결과는 어떠한가, 오히려 MZ세대들은 블로그에 열광하고 블로그를 만들며 블로그도 하나의 메가 콘텐츠로 다시 자리매김하고 있다.

크리에이터가 브랜드가 되고 있고, 브랜드가 크리에이터가 되고 있다. 내부 크리에이터, 인플루언서를 양성하는 움직임은 이전부터 있었지만 시장이 성장하고 어느 정도의 노하우가 장착된 상태에서 제법 괜찮은 크리에이터들이 양성되고 있다.

광고주와 크리에이터의 직거래도 활성화되고 있다. 기존에는 '위험하다', '서툴다', '매개체가 필요하다' 등으로 포장할 수 있었지만 이제는 더 안전하고, 더 노련하며, 더 효율적인 가격으로 서로 협상할 수 있다. 그럼 이제 MCN 회사와 크리에이터 에이전시는 설 자리를 잃게 될까?

나는 이 업계의 흐름을 가장 가까이에서 지켜봐 온 사람 중 하나다. 1인 미디어라는 말이 막 생기던 시절, 크리에이터라는 단어가 생소하던 때부터 시작했다. MCN이라는 구조가 유행처럼 번지던 시기를 거쳐, 지금처럼 수많은 크리에이터와 브랜드가 뒤엉켜 있는 복잡한 산업의 한가운데까지, 나는 늘 현장에 있었다. 누군가는 이 업계의 변화를 보고 '끝났다'고 말하지만, 나는 오히려 지금이 새로운 구조를 설계할 수 있는 중요한 시작점이라고 생각한다.

MCN이라는 모델은 분명 시대의 산물이었다. 구독자 수, 조회 수, 단가, 캠페인 성과 같은 숫자를 중심으로 크리에이터를 바라보았고, 조직은 그 숫자를 '관리'하는 방식으로 움직였다. 하지만 시간이 지날수록, 우리는 그것이 사람을 위한 구조가 아니었다는 걸 깨닫게 되었다. 크리에이터는 숫자로 환산될 수 없었고, 콘텐츠는 공식으로 계산되지 않았으며, 관계는 계약서 한 장으로 유지되지 않았다. 결국 남는 건 감정이었고, 그 감정을 설계할 수 있어야 진짜 구조라고 부를 수 있었다.

나는 지금도 매일 새로운 크리에이터를 만나고, 그들의 콘텐츠를 보고, 말투와 톤을 느끼고, 댓글과 반응을 읽는다. 그 과정을 통해 단지 '뜨는 사람'을 찾는 게 아니라, 어떤 감각이 다음 파장을 일으킬 수 있을지를 스스로 점검한다. 이 산업은 정체되지 않았다. 오히려 지금이야말로 진짜 이야기가 시작되는 순간이다. 크리에이터는 여전히 자신의 이야기를 할 준비가 되어 있고, 브랜드는 그 이야기 위에 협업을 얹고 싶어 하며, 팬들은 그 감정의 흐름을 여전히 찾아다닌다.

우리가 이제 해야 할 일은 명확하다. 이전 구조가 유효하지 않다면, 지금의 감각과 기술, 관계를 바탕으로 새로운 구조를 설계해야 한다. 단순히 콘텐츠를 유통하고 수익을 정산하는 체계가 아니라, 크리에이터가 자신의 방향성을 지키면서 성장할 수 있도록 도와주는 구조가 필요하다.

실무자가 메신저가 아니라 파트너로서 역할을 할 수 있는 시스템, 브랜드가 광고주가 아니라 공동 기획자로 기능하는 생태계. 그것이 우리가 짜야 할 다음 구조의 모양일 것이다. 크리에이터 산업은 끝내 '사람'이 중심에 있는 구조. 그런데도 많은 조직이 기술과 수치만 강화하고, 정작 감정을 다루는 실무자를 설계하지 못한다.

계약에 관해서도 정말 많은 에피소드가 있지만 비교적 최근에 겪은, 그리고 너무도 고마운 에피소드를 하나 소개하고자 한다. 지금 회사의 본부장으로 부임한 직후 재계약이 필요한 크리에이터가 있었다.

이 회사에 대한 만족도가 있는 크리에이터였지만 고민도 많이 했다. 무엇보다도 담당자에 대한 만족도는 있었지만 '회사'에 대한 만족도는 물음표였던 것 같다. 나는 그녀에게 내가 이곳에 온 지는 얼마 되지 않았지만 얼마나 오랜 시간 크리에이터 비즈니스를 해왔고, 이곳에서는 어떤 역할을 할 것인지 명확히 말했다.

그녀는 내 말을 듣고 일단 단기간으로만 재계약을 하기로 했다. 그것만으로도 고마웠다. 떠나지 않고 내가 약속을 지켜가는지를 보겠다는 신호였으니까. 시간이 지나고 어느덧 두 달 정도 재계약 일정을 앞두게 되었다.

계약과 관계없이 '언제 한 번 밥 먹자'는 말이 결국 수개월 만에 지켜졌다. 소속사 이사로서 만난 것도 아니었고, 재계약이라는 목적을

둔 것도 아니었다. 크리에이터 선배로서 많이 이야기했고, 또 후배의 이야기에 귀 기울였다.

그날, 그 크리에이터에게 느꼈던 고마움과 기쁨은 아직도 잊혀지지 않고 고스란히 남아있다. 다양한 이야기를 나누고 나서 그녀는 자연스럽게 재계약을 하기로 했다. 기존에 있던 계약기간에 새로운 계약을 더해서. 자신의 담당자, 회사, 그리고 그 회사의 리더인 나를 보고 손잡아 준 것이다.

회사는 브랜드와 계약하지만, 크리에이터는 사람과 계약한다. 그래서 이 산업은 실무자의 감정 노동을 버팀목으로 굴러가는 구조다. 나는 그 구조에 분명한 결함이 있다는 걸 봤다. 담당자가 떠나면 크리에이터도 떠난다. 하지만 대부분의 조직은 그 실무자가 왜 떠나는지조차 분석하지 못한다. 결국 이탈을 막는 시스템이 아니라, 지속 가능하게 사람을 지키는 구조가 필요하다.

그래서 앞으로, 단지 크리에이터와 함께하는 조직이 아니라 크리에이터를 지킬 실무자가 떠나지 않는 조직을 만들고 싶다. 그리고 그 실무자들을 내가 직접 양성할 것이다. 그들이 바로, 다음 구조의 설계자들일 테니까.

그리고 나는 이 작업이 단순한 비즈니스의 차원이 아니라, 진짜 '사람 중심 산업'을 만드는 과정이라고 믿는다. AI라는 도구는 그 구조 안에 녹아들 수 있어야 하고, 인간이 설계하는 맥락 위에서 감정이 유지될 수 있도록 조력해야 한다. 크리에이터가 콘텐츠를 생산하면서도 자신을 잃지 않도록 돕는 것, 실무자가 반복적인 소진 없이 장기적으로 역량을 쌓아갈 수 있는 틀을 제공하는 것, 이것이 바로 앞으로 우리가 설계해야 할 '지속 가능한 구조'의 핵심이다.

얼마 전 라스베가스에서 진행하는 라이선싱 엑스포 참가를 위해 출장을 간 적이 있다. 5천여 개의 기업이 참여하는 IP의 장이었는데 이 출장에서의 경험도 나에게 큰 원동력이 되었다. 직접 만든 IP를 자신 있게 선보이는 기업, 라이선스를 구매해서 판매 대행을 하는 기업, 나처럼 크리에이터 IP를 활용해 다양한 방식으로 확장 비즈니스를 시도하는 기업들도 눈에 띄었다.

크리에이터와 콘텐츠가 하나의 브랜드가 되고, 그것에서 파생되는 강력한 IP로 충분히 우리도 글로벌로 뻗어나갈 수 있다고 생각했다. 함께 참여했던 룸메이트 또한 메가 채널을 보유한 크리에이터였는데 다음 번에는 우리가 그곳에서 부스를 차리고 바이어가 되자고 다짐도 했다. 그곳에서 우리는 단순한 참가자가 아니라, 미래의 설계자가 될 수 있다는 가능성을 봤다. 그 출장에서도 나는 또 하나의 구조를 목격했고, 다시 꿈꾸기 시작했다.

이 책은 구조를 고민해 온 한 사람의 기록이자, 이 업에 대한 오래된 애정의 증명이다. 단순한 과거 회고가 아니다. 지금 이 순간에도 나는 매일 기획서를 쓰고, 실무에서 광고주와 소통하고, 크리에이터의 콘텐츠를 기획하는 사람으로서, 내 감각과 경험을 조금이라도 다음 세대에 남겨두고 싶었다. 내가 했던 실패와 실험, 그리고 성공이 단 한 명에게라도 구조적인 힌트가 되기를 바라는 마음으로 이 글을 썼다.

그래서 이 판을 떠나지 않는다. 앞으로도 새로운 구조를 계속 짤 것이고, 그 구조 안에서 사람을 지키고, 크리에이터의 감정을 존중하며, 브랜드와 팬과 실무자 모두가 오래 머물 수 있는 환경을 만들기 위해 일할 것이다.

그것이 내가 이 일을 그만두지 않는 이유이며, 이 책을 끝내며 남기고 싶은 단 하나의 말이다. MCN은 어느 순간 머물러 있지만, 크리에이터 비즈니스는 계속된다. 그리고 그 중심에는 언제나 사람이라는 단어가 있을 것이다.

물론 이 책은 나의 이야기로 시작되었다. 오롯이 나의 기억, 나의 실패, 나의 감각이 중심이었고, 이 구조를 처음 짜겠다고 마음먹은 것도 결국 나였다. 하지만 나는 안다. 이 구조는 나 혼자 설계할 수 없었고, 지금도 혼자 완성할 수 없다.

동료들, 함께 울고 웃던 크리에이터들, 그리고 매일 산업의 언어를 새로 발명하는 실무자들과 파트너들. 이 구조는 '나'가 아니라 '우리'가 함께 만든 것이고, 앞으로도 함께 만들어가야 하는 것이다.

사람 중심의 산업은 한 사람의 신념으로는 결코 완성되지 않는다. 진심이 조직을 만들고, 관계가 생태계를 만들며, 그 모든 과정을 '우리'라는 다층적인 주어가 만들어간다.

처음 이 책을 쓰기 시작했을 때, 나는 이 작업이 단지 하나의 정리라고 생각했다. 내가 겪어온 경험을 기록하고, 업계의 흐름을 구조화해 보는 시도. 그 이상도, 그 이하도 아니었다. 그런데 페이지를 채워갈수록 점점 알게 됐다. 이건 단순한 회고가 아니라, 내가 어떤 사람인지, 무엇을 붙잡고 여기까지 왔는지를 스스로 확인하는 과정이었다는 것을.

나는 UCC 크리에이터로 시작했다. 싸이월드의 짧은 콘텐츠부터 방송국의 카메라 앞까지, 사람을 웃게 만들던 순간들이 나의 출발점이었다. 이후 기획자가 되었고, 매니저가 되었으며, 사업가로서의 선택도 했다. 스타트업을 만들었고, 그것이 M&A되었고, 다시 실무자로 돌아와 새로운 구조를 고민하고 있다. 단 한 번도 같은 위치에 머문 적은 없었고, 그 안에서 나는 계속해서 질문을 던졌다.

"어떤 시스템이 사람을 지킬 수 있는가?"

"어떤 관계가 구조로 확장될 수 있는가?"

"어떤 진심이 지속 가능성을 만들 수 있는가?"

이 책은 그 질문에 대한 나 나름의 응답이다. 완벽한 정답이 아니라, 한 사람이 쌓아 올린 감각과 실패와 시도들의 총합. 그리고 그 안에는 수많은 크리에이터들의 표정과, 피드백을 나눴던 밤들과, 계약서의 행간에 담긴 마음들이 함께 들어 있다. 이 기록은 산업에 대한 문서이자, 사람에 대한 예의다.

이 책이 어떤 사람에게는 단지 업계 종사자의 회고로 읽힐 수도 있다는 걸 안다. 하지만 나에겐, 이 책은 미래의 비즈니스와 사람을 설계하는 교과서이자, 구조를 짜는 사람의 철학서로 남길 바란다. 실무자에게는 방향이 되고, 크리에이터에게는 위로와 바이블이 되며, 새로운 길을 찾는 누군가에겐 용기의 한 조각이 되기를 바란다.

먼저 이 말을 꼭 남기고 싶다. 이 비즈니스를 멈추지 않고 달리게 하신 하나님께 감사한다. 그리고 지금의 나를 있게 해준 수많은 크리에이터들, 현장에서 함께 고생했던 동료들에게 고마움을 전한다.

또한 지금도 열심히 달리고 있는 아이스크리에이티브의 대표님과 임직원들, 그리고 모든 소속 크리에이터들, 무엇보다 나를 끊임없이 성장하게 만드는 비즈니스 파트너이자 친구, '써니'에게. 이 책은 당신들과 함께 만든 책이며, 당신들에게 바치는 책이다.

많은 이들이 MCN은 쇠퇴했거나 침묵하고 있다고 생각한다. 그러나 잘못된 생각이다. 일종의 잠수함처럼 묵묵히 순항 중이다.

이 책을 통해 나는 그 침묵을 깨기로 결심했다. 다시 판을 짜야 할 시간이기 때문이다. 우리는 계속해서 판을 짤 것이다. 끝난 구조가 아니라, 다음 구조를 위해. 그 중심에는 기술도, 전략도 있지만,

결국엔 '사람'이라는 단어가 가장 오래 남을 것이다.

---

*판의 조각들 #14

―

사람이 존재하는 한, 그리고 플랫폼이 존재하는 한, 크리에이터 비즈니스는 멈추지 않는다. 계속된다. 그 시간과 공간에는 언제나 사람이 있다.

다시 짜는 판

판의 조각들을 합치다

모든 주류는, 처음엔 비주류였다. 주류에서 경쟁하기보다는 비주류에서 감각을 쌓는 시간이 필요하다. 그 시간은 길고 고단하지만, 결국 핵심이 되는 요소는 거기서 나온다.

콘텐츠를 실험하는 데 두려움은 방해가 된다. 조회 수나 수익 같은 수치가 실패를 증명하지는 않는다. 결과가 제로여도, 다음을 위한 감각은 반드시 남는다.

그리고 관계는 감정이 아니라 구조로 설계돼야 한다. 특히 크리에이터 비즈니스처럼, 사람이 중심인 판에서는 더욱 그렇다. 조직 안팎, 창작자와 외부 파트너까지. 균형 없이는 오래 못 간다. 또한 혼자 만들 수 있는 판은 없다. 혼자 깔린 판은, 대부분 무너지는 바닥이다. 사람이 구조고, 관계는 기반이다. 내가 버틴 건, 그 사람들이 있었기 때문이었다.

나는 때로 근력을 키우고 멘탈을 강화하여 상황을 정리했다. 그러한 경험들이 다른 경험들과 섞여 지금의 내가 됐다. 방향이 바뀌고, 구조가 무너지더라도 결국 '판을 짜는 사람'은 훈련을 멈추지 않는다.

매니지먼트를 한다고 했지만, 정작 내가 뭘 매니지하고 있는지 설명하기 어려웠다. 경험을 했고 성과는 냈다. 하지만 그 결과가 다른 크리에이터에게도 통할지는 확신할 수 없었다.

크리에이터를 위해 비즈니스를 확장한다고 했지만, 사실은 나 자신을 위해 달리고 있었다. 아니라고 말해도, 결과는 늘 나를 중심으로 돌아왔다. 그리고 나는, 직장인이기도 했다.

그러던 중 창업을 결심했다. 맨땅에 헤딩하는 게 늘 미친 짓은 아니었다. 하지만, 뚜렷한 무기 없이 뛰어든 창업은 위험했다. 그 대가로, 빠르게 단단해지긴 했다. 만약 드라마같은 엑싯이 없었다면, 나는 사업을 계속했을까? 더 성공했더라도, 혹은 철저히 실패했더라도 결국 중요한 건 운이 아니라, 내공이었다.

나는 의식주 다음으로 중요한 것이 콘텐츠라고 믿는다. 그리고 그 다음은 기술이다. 이 다섯 중 하나라도 무너지면, 삶은 흔들린다. 숙제는 여전히 많다. 하지만 우리는 공존하며, 결국 더 나은 콘텐츠를 만드는 쪽으로 가야 한다.

천직이란 뭘까. 나는 이 일을 정말 좋아한다. 동시에, 정말 힘들어한다. 그럼에도 계속하는 이유는 단 하나. 나 같은 사람들이 모이면, 이 판을 바꿀 수 있다고 믿기 때문이다.

사람이 존재하는 한, 플랫폼이 존재하는 한, 크리에이터 비즈니스는 멈추지 않는다. 계속된다. 그 시간과 공간에는 언제나 사람이 있다.

이것이 다시 짜는 판이다.

그러나 아직 단 하나의 조각이 남아 있다.

그리고 그 조각은, 이 판을 읽은 당신과 함께 완성해야 할 것이다.

에필로그

처음 이 책을 쓰기 시작했을 때, 나는 이 작업이 단지 하나의 정리라고 생각했다. 내가 겪어온 경험을 기록하고, 업계의 흐름을 구조화해 보는 시도. 그 이상도, 그 이하도 아니었다. 그런데 페이지를 채워갈수록 점점 알게 됐다. 이건 단순한 회고가 아니라, 내가 어떤 사람인지, 무엇을 붙잡고 여기까지 왔는지를 스스로 확인하는 과정이었다는 것을.

나는 크리에이터로 시작해 기획자, 매니저, 사업가, 그리고 다시 실무자로 수없이 역할을 바꿔왔다. 그 과정에서 매번 새로운 구조를 만들고, 사람과 관계, 실패와 회복을 반복해왔다. 같은 위치에 머문 적은 한 번도 없었다. 내가 계속 붙잡았던 건 '사람을 지키는 구조'와 '진심이 지속 가능한 관계'였다.

앞서 이야기했던 수많은 크리에이터와 동료들 외에도, 이 모든 판 뒤에는 또 다른 든든한 지원군이 있다. 바로 나의 가족이다.

사업을 시작할 때 아무 말 없이 '잘할 거다, 응원한다'고 말해주신 부모님과 장모님, 장인어른. 그 신뢰가 내 첫 시작을 가능하게 했다.

내 우당탕탕 창업기 내내 함께 부딪히고, 웃고, 울어준 동생 경미. 사랑하는 아들 하준이와 하성이, 그리고 이 업의 시작부터 지금까지, 그리고 앞으로도 내 곁에서 함께 걸어갈 아내에게 이 자리를 빌려 사랑한다고 전하고 싶다.

나는 이들이 있기에 다음 구조를 향해 걸어갈 수 있다.

또한 조용히 덧붙이고 싶은 감사가 있다. 내가 드라마 같은 엑싯을 경험하게 만들어 주신, 당시 회장님과 대표님. 드러나는 걸 원치 않으실 분들이기에 이름은 적지 않지만, 그때 나를 믿고 선택해 주신 그 순간은 지금까지도 내 인생의 전환점으로 남아 있다. 이후, 코로나라는 커다란 위기를 지나 다시 사업을 일으키셨다는 이야기를 듣고, 내 일처럼 기뻤고, 그 회복을 진심으로 존경하게 되었다. 그 감사는 여전히 내 안에서 유효하고, 그때의 신뢰를 오늘의 나도 잊지 않는다.

그리고, 이 책의 제목에 대해 마지막으로 말한다. 『다시 짜는 판』에서 '판'이라는 단어는, 단순히 업계나 비즈니스의 구조만을 뜻하지 않는다. 그것은 내가 몸담았던 세계, 함께 고민했던 사람들, 그리고 내가 다시 설계하고 싶은 모든 '다음'을 의미한다.

시간이 흐르면서 이 산업은 말이 줄어들고, 논의가 사라지고, 변화보다 적응을 택하는 쪽으로 흘러왔다. 그래서 겉보기에 우리는 침묵하고 있는 것처럼 보인다. 하지만 아니다. 그건 단지, 다음 판을 준비하고 있었던 것이다.

나는 판을 다시 짤 것이다. 끝난 구조가 아니라, 다음 구조를 위해. 기술도, 전략도 있겠지만, 결국에는 '사람'이라는 단어가 이 판의 중심에 가장 오래 남을 것이다.

나는 여전히 고민 중이다. 하지만 이제는 고민의 방식이 달라졌다. 감정이 구조를 삼키지 않게, 구조가 감정을 무너뜨리지 않게, 그 두 가지를 함께 지켜내는 방법이 분명히 있다고 믿는다. 크리에이터라는 단어가 다시 쓰이고 있는 지금, 나는 또 한 번, 이 판 위에 새로운 실험을 올릴 준비를 하고 있다.

써니와의 관계가 그렇듯, 지금도 조용히, 그러나 진심으로 함께하고 있는 크리에이터들이 있다. 아네딘은 룩북을 만드는 크리에이터다. 최근에는 청계천 원단 시장을 함께 뒤적였다. 40대 아저씨가 MZ 여성복을 만져보고, 무신사 트렌드를 훑고 있는 경험이란 그 자체로 낯설고 귀하다.

소연뷰티는 남미에 있다. 시간은 우리를 딱 12시간 떨어뜨려놓았지만, 우리는 서로의 아침과 밤을 이어가며 관계를 유지한다. 아직 소연과는 큰 성과를 만들어내진 못했다. 그들이 아닌, 내가. 나는 그 관계의 결이 구조가 될 것이라는 감각을 믿는다.

이들은 아직 판의 작은 조각이지만, 조용히 내 옆에 놓여 있다. 언젠가 구조가 될 자리처럼.

히든챕터

❶ 재미로 보는 MCN의 시대 흐름(feat. 내 눈)
❷ 어려운 질문, 어려운 답 - 難問難答(난문난답)
❸ 크리에이터와 열일중인 당신을 위한 10계명
❹ 소속사 찾는 이에게, 실무자로서 드리는 TIP 10
❺ 덕질도 기술입니다 - 시청자 구조짜기
❻ 속담 변형으로 보는 크리에이터 비즈니스

히든챕터 1

재미로 보는 MCN의 시대 흐름(feat. 내 눈)

어디까지나 내 시각으로 바라본 비공식 연대기이며, 약간의 시간 차이가 있을 수 있다. 재미로 보자. 그래도 최대한 팩트다.

2012년

싸이의 '강남스타일'이 전 세계를 휩쓸고, '유튜브로 돈 번다'는 말이 한국에도 실현됐다.
누구나 유튜브를 검색하고, 업로드 버튼을 눌러보며 '나도 가능할까?' 실험하던 시기다.
플랫폼은 낯설었고, 기회는 막연했다. 그래서 오히려 누구나 뛰어들 수 있었다.

2013년
—

CJ ENM이 유튜브와 손잡고 MCN 사업을 시작하며, '크리에이터'라는 단어가 희미하게 떠올랐다.

구조는 없었고, 감각이 전부였던 시절. 대도서관, 양띵 등 아프리카 BJ들이 유튜브로 넘어오며 포문을 열었다. 산업이라기보다 생존형 실험실이었다.

2014년
—

트레져헌터, 샌드박스 등 신생 MCN들이 등장하고, 영입 경쟁이 본격화되기 시작했다.

'그 채널, 우리가 키웠다'는 말이 자랑처럼 들리던 시절이다. 하지만 구조는 여전히 어설펐고, 계약서도 카피앤페이스트 수준이었다.

2015년
—

영상 카테고리가 분화되며, 메이크업, ASMR, 스포츠, 먹방, 리뷰, 키즈 등 세분화된 채널이 등장했다.
국내 팬덤은 해외로 확장됐고, 수백만 구독자를 가진 유튜버가 탄생했다. MCN들은 수익을 좇아 상위 채널에 집중했고, 나머지는 방치됐다. '크리에이터 의존 구조'에 위기를 느낀 MCN들은 오리지널 콘텐츠 제작에 나서기 시작했다.

2016년

유튜브 밖에서도 수익화가 가능하다는 걸 블랭크코퍼레이션이 증명한 해다. 마약베개, 샤워기 필터 등 광고 없이 제품으로 수익을 내는 모델이 메인스트림이 되었다.
MCN들도 커머스를 따라가려 했지만, 아무나 할 수 있는 게임이 아니었다.

2017년

'규모'에 대한 욕망이 본격화. 대기업, 대형 제작사들이 MCN 시장에 뛰어들었다.
동시에 내부에서는 '이 구조, 생각보다 허약한데?'라는 불안이 확산됐다. 과도한 영입 경쟁에 지친 MCN들은 자신들만의 엣지를 찾으려 안간힘을 쓰던 시기.

2018년

크루형 콘텐츠, 팀 기반 채널, 공동 세계관이 생겨나며 협업이 기본값이 되었다.
연합은 선택이 아니라 생존 방식이 되었고, 감각은 포맷으로 진화했다.
유튜브는 더 이상 UCC 플랫폼이 아니라, 각자가 작은 제작사가 되는 곳이었다.
또한 디지털 전용 예능 채널이 등장하고 사랑을 받기 시작했다. 와썹맨이 그 포문을 열고 다음년도에 워크맨도 이어진다.

2019년

팬데믹 직전, 디지털콘텐츠 소비는 폭증했지만 예산은 오히려 줄어들었다. 크리에이터는 지치고, 영상은 넘쳤지만 스토리는 비어 있었다.
'디지털은 코로나의 수혜'라는 말 뒤에는, 번아웃된 사람들의 현실이

숨어 있었다.
디지털 예능 워크맨이 주목받는 시기, 또 이어서 다음년도에는 네고왕도 등장한다.

2020년

진용진, 김계란 같은 감각 중심형 크리에이터들이 떠오르기 시작했다. 김계란의 가짜사나이나, 진용진의 그것을 알려드림은 이들이 단순 크리에이터가 아님을 입증했다.
또한 유튜브의 키즈 정책 강화로 키즈 크리에이터가 두드려 맞던 시기다. 수익화가 불가하거나 알고리즘 노출이 줄어들었다.
논란도 많았던 시기다. 뒷광고 사건이 인상적이다. 유튜브에서 진행되는 협찬, 광고에 대한 규제가 그나마 조금씩 만들어지고 가꿔지기 시작할 수 있었던 때다.

2021년

방송국 PD들과 연예인들이 유튜브 판에 제대로 들어오기 시작했다. 공부왕 찐천재 홍진경이 등장하고, 김계란, 진용진에 이어 빠니보틀도 좋좋소로 반향을 일으켰던 시기다.
크리에이터의 기업화가 본격화됐다. 법인 설립, 자체 기획, 내부 매니지먼트-all-in-one 체계로 진입. 개인이 아니라 '팀 단위'가 새로운 표준이 된 시점이다. 공룡 기업 카카오가 김계란과 진용진의 진가를 알아봤던 시기다.

2022년

숏폼이 콘텐츠 판도를 주도하며, '좋은 콘텐츠'보다 '플랫폼에 맞는 콘텐츠'가 중요해졌다. 틱톡, 인스타 릴스, 유튜브 쇼츠가 나란히 전략 포지션으로 부상했다.
진정성이 다소 사라지고, 도파민이 강력하게 뿜어져나오는 때다. 콘텐츠는 더 짧아졌고, 고민은 더 길어졌다.

2023년

AI와 협업, 자동화 편집, 템플릿화된 콘텐츠가 본격화되었다. '사람이 안 해도 되는 일'을, 사람들은 여전히 하고 있었다. 진짜 크리에이터는 감정 노동자가 되었고, 감정 없는 툴은 기획자가 되었다.

커머스의 중요성을 인지한 유튜브가 한국 시장에서 유튜브 쇼핑을 들여온 시기다.

2024년

브랜드와 크리에이터의 협업 방식이 완전히 재편되었다. 유튜브 광고는 줄고, 콘텐츠 연계 커머스가 다시 부상했다.
라이브커머스, 공동구매, 마켓은 메가 크리에이터보다 전문 커머스형 인플루언서들의 전장이 되었다. 그 와중에도, 특색 있는 1인 크리에이터들이 예기치 않게 치고 나오는 시즌이다.
디지털콘텐츠 시장에서 많은 사람이 '보는 것'과 많은 사람이 '사는 것'은 전혀 다르다는 것이 입증되었다.

2025년

아직 진행 중인 미래. 감각만으로 살아남던 시대는 끝났고, 구조만으로도 버틸 수 없다. 앞으로 남는 건 공감할 수 있는 사람, 그리고 구조를 설계할 줄 아는 사람이다.
이제 크리에이터 산업은 사람과 AI가 함께 만드는 감정구조산업이 된다. 나 또한, 답을 찾아야 하는 시기다.

그리고 유튜브 쇼핑이 꽤 기대된다. 쿠팡에 이어, 올리브영과 지그재그까지 손을 잡았다. 커머스가 대세인가

히든챕터 2

어려운 질문, 어려운 답 - 難問難答(난문난답)

Q 브랜드가 크리에이터를 제치고 팬들과 직접 소통하려는 움직임도 보이는데, 이 때에 MCN기업은 어떤 위치에 서야 할까?

A 브랜드가 팬들과 직접 소통하려는 건 자연스러운 흐름이다. 예전엔 제품을 알리는 데 집중했다면, 지금은 '경험'을 팔고 '서사'를 만드는 데 관심이 많다. 결국 '브랜디드 콘텐츠'의 시대인 셈이다. 이 과정에서 브랜드는 자신들이 주인공이 되려는 욕망을 갖지만, 문제는 크리에이터에 대한 특성 파악은 여전히 부족하다는 점이다.

콘텐츠는 결국 누가 '잘' 전달하느냐의 문제이고, 그래서 메신저 즉, 크리에이터의 존재는 여전히 중요하다. 그들이 가진 감각, 말투, 방식은 단순히 메시지를 전달하는 걸 넘어 관계를 형성한다.

MCN은 이 커뮤니케이터들을 가장 가까이서 발굴하고 훈련하는 구조다. 크리에이터가 팬과 브랜드 사이를 잇는 다리 역할을 제대로 하려면, 그 배후에 있는 조직은 단순한 관리자 집단이 아니라, 커뮤니케이터를 육성하고 성장시킬 수 있는 시스템이어야 한다. 그래서 MCN은 여전히 유효하고, 그 유효성은 앞으로 더 중요해질 수 있다.

그리고 그 체계가 있는 곳을 아는 크리에이터는, 브랜드로부터 직접 제안이 오더라도 자연스럽게 그 구조 안에서 자신의 비즈니스를 운영하고자 한다. 경험이 만든 신뢰는 관계보다 길게 간다.

Q **크리에이터는 감정의 업인데, MCN 기업은 수치와 예산으로 굴러간다. 진심이 지속 가능하려면 어떤 구조가 필요한가?**

A 대부분의 기업의 존재 목적은 '영리'이므로 당연히 돈도 중요하다. 돈이 있어야 기업을 운영할 수 있으니까. 하지만 MCN에서는 문제가 있다. 그렇게만 운영하다 보면 실리 기반으로만 움직이니 크리에이터를 감정적으로 케어할 수 없다.

그러나 회사는 이러하지만 그 안에 있는 '이 업을 진심으로 사랑하는 담당자'는 회사와 생각이 좀 다르다. 크리에이터가 회사 이름을 보고 계약하는 시대는 지났고 결국에는 그 담당자 몫이 크게 되었다. 결국은 그 담당자에 대한 락인을 해야만 MCN 사업의 구조를 유지할 수 있다.

많은 MCN이 초기에, 혹은 지금도 놓치고 있는 건 이른바 '일잘러' 담당자가 이직했을 때의 리스크다. 그 담당자가 나가면 크리에이터도 함께 떠나가는 경우를 수도 없이 봐왔다. 그런데도 많은 조직은 그 공백을 단순히 '채용'으로 메울 수 있다고 생각한다.

하지만 이 업은 이 업을 사랑하는 사람만이 버틸 수 있다. 담당자와 크리에이터 사이엔 수치로 환산되지 않는 신뢰와 정서적 합의가 있다. 누가 더 성실하게 소통하고, 먼저 변수를 캐치하고, 감정을 어루만졌는지. 그 미세한 감각이 결국 구조를 만든다. 결국 MCN 구조에서 가장 중요한 건 시스템이 아니라, '그 구조를 사람답게 작동시키는 사람'이다.

Q 요즘의 크리에이터들은 왜 MCN 기업을 꺼리게 되었는가? 이 시점에서 MCN 기업은 어떤 존재가 되어야하는가?

A 문제는 MCN이 'MCN답게'만 있었기 때문이다. 한국의 MCN 산업은 북미 모델을 그대로 따라가는 데 급급했고, 차별화된 실험이나 철학 없이 외형 중심의 구조로 자리 잡았다. 크리에이터의 비즈니스는 점점 복잡해졌는데, MCN은 단순 네트워크 수준

에 머물렀다.

무분별한 영입 경쟁, 크리에이터의 수익화보다 기업 생존을 우선시하는 구조, 억지로 단가를 부풀리는 계약 등은 결국 시장에서의 도태를 가속화시켰다. 마치 오래전 통신사가 고객 유치를 위해 현금, 현물 지원을 하면서 경쟁을 했던 것처럼.

아이러니한 건, MCN이 한 명의 크리에이터를 통해 받은 수수료가 담당자 한 명의 연봉 이상을 넘을때도 많은데, 담당자는 수많은 크리에이터를 동시에 케어하는 구조라는 것이다. 매출 상위권의 크리에이터일수록 '정성 케어'를 기대하기 어려운 구조. 자연스레 그들은 회사를 떠난다.

이제 MCN이 되어야 할 것은 단순한 중개자가 아니라 '진짜 케어 조직'이다. 유료 캠페인만 함께하는 계산기형 관계가 아니라, '어제 영상 진짜 잘 봤어요'라는 뻔한 말 한 마디가 아니라, 진정성 있는 소수 정예의 케어가 일어나야 한다. 유가 행사에만 동행하지 말고.

Q MCN 산업은 크리에이터가 원하는 걸 제공해줘야 하는가, 아니면 크리에이터가 MCN이 설계한 구조 안으로 들어오게 만들어야 하는가?

A 초기의 MCN은, 크리에이터가 원하는 것을 회사가 제공하는 구조였다. 이건 한국만의 현상이 아니라, 북미의 MCN 시장도 마찬가지였다. 그때는 그것이 '당연한 역할'처럼 여겨졌고, 실제로도 많은 MCN들이 크리에이터의 요구에 맞춰 움직이며 성장을 도모했다.

그러나 곧 모순이 생겼다. 크리에이터가 원하는 것은 시간이 지날수록 늘어났고, 결국에는 MCN이 제공하는 서비스보다 스스로 더 빠르게, 더 잘 해결하는 수준에 이르렀다.

그 지점에서 드러난 건 MCN이 '남아야 할 이유', 즉 구조의 부재였다. 크리에이터가 떠나더라도 그 자리에 다음 크리에이터가 들어올 수 있으려면 '개인의 관계'가 아닌 '지속 가능한 구조'를 만들어야 한다.

그걸 만들어내는 데에는, 많은 MCN이 실패했다. 그렇다면 크리에이터가 원하는 것을 무조건 제공해야 할까? 다 제공해줘도, 결국 떠나는 경우는 생긴다. 이건 누가 나쁘고 잘못해서가 아니다. 이 업 자체가 '인간 중심의 성장 곡선'을 갖고 있기 때문이다.

사람은 성장한다. 그리고 성장이란 본질적으로 독립을 포함하는 개념이다. MCN이 아무리 좋은 조건을 갖춰도, 크리에이터는 결국 자신의 속도로, 자신의 방식으로 나아가고자 한다. 그래서, MCN은 더 이상 '원하는 걸 주는 존재'가 되어선 안 된다. '떠난 후에도, 남겨진 구조로 다음을 설계할 수 있는 존재'가 되어야 한다.

Q 책에서도 크리에이터를 '사람'으로 본다고 말하지만, 실제로는 계속 '지표'로 판단할 수 밖에 없지 않은가?

A 지표의 범주를 어디에 두느냐에 따라, 이 질문의 대답은 달라진다. 나는 매출과 수익을 지표에서 배제했다. 하지만 조회 수, 시청시간, 구독자 수는 달랐다. 그건 인기도를 위한 게 아니었다. 우리는 사람인 크리에이터를 케어한다. 그렇다면 잊지 말아야 할 것은 그들의 콘텐츠를 소비하는 팬들 또한 '사람'이라는 점이다.

크리에이터가 생명을 유지하고, 콘텐츠가 숨을 쉬려면 그걸 지켜보는 사람들과의 관계가 필요하다. 그리고 그 관계를 확인할 수 있는 단서가 지표다. 그러니까 지표는 피할 수 없다.

나는 DIA TV 시절, 구독자 1,300명의 크리에이터를 데려왔다. 그 사람은 지표만 보면 계약 대상이 아니었다. 하지만 나는 계약을 먼저 하고, 그 다음에 지표를 이야기했다. 왜냐면, 그 채널이 더 큰 채널이 되기 위해선 숫자로 피드백을 나누는 시간이 필요했기 때문이다.

그래서 나는 지금도 이렇게 생각한다. 조회 수, 시청시간, 구독자 수는 이야기의 단서가 된다. 단가는 그 이야기를 막는다. 지표를 말하되 그 수치는 '이윤'이 아니라 '사람'과 '사람' 사이를 연결하는 기준이어야 한다. 그때, 지표는 케어의 언어가 될 수 있다.

히든챕터

히든챕터 3

크리에이터와 열일중인 당신을 위한 10계명

I

크리에이터를 끌어 오는 건
계약금이나 특별한 밸류가 아닙니다.

아닌 경우도 있습니다만 제 경우, 수십명의 크리에이터는 진짜 '대화'를 하고 그 대화가 통해서 합류했습니다. 계약금이 적어서, 회사가 제공하는 밸류가 좀 부족해서 계약을 안한 크리에이터는 거의 없었어요. 그런 크리에이터는 처음에 컨택을 하지도 않았습니다.

그 크리에이터와 진정으로 함께하려는 마음이 있다면, 단기간에 인기 콘텐츠 몇 개 살펴보고 댓글 반응과 인스타그램 게시물만 본 뒤에 판단하는 일은 피했으면 합니다.

윗선들은 더 중요합니다. 윗선들이 누구보다도 많이 공부하고 그 크리에이터에 대해 이해하고 접근하면 이미 몇 마디만 나눠도 감동을 선사할 수 있습니다. 그 감동이 계약금과 밸류를 이깁니다.

II

현타가 오면 업종을 바꾸고 떠나기도 하는데 그러지 마세요.
아깝습니다. 이 업, 하면 좋습니다.

저는 이 업이야말로 롱런할 수 있는 멋진 업이라 봅니다. AI가 아무리 발전하고 인간의 직업을 대체하더라도, 사람의 마음을 읽고, 사람을 케어하는 매니지먼트를 할 수는 없습니다. 우리가 로봇 채널을 매니징 하지 않는 한 수많은 크리에이터들은 자신의 조력자에게 감정을 이야기하고 기대게 됩니다.

세상에 쉬운 일은 없습니다. 크리에이터 비즈니스를 떠나 광고 대행사로 가도, 브랜드로 가도, 제작사로 가도, 연예기획사로 가도 결국엔 그곳에서의 어려움이 있고 크리에이터 마케팅은 연결되어 있습니다. 일의 본질은 바뀌지 않습니다. 다른 쪽으로의 이동은 더 많이 성장한 후에 하셔도 됩니다.

그리고 그곳에는, 나보다 먼저 이 업에서 끊임없이 고민하고 단련했던 수많은 경쟁자와 히어로가 존재합니다. 여기서 더 무기를 만들고 가세요.

III
나가서 크리에이터랑 별도로 차리면 더 많이 벌고, 더 잘 될 것 같다. 잠깐의 유혹입니다.

창업의 꿈은 있을 수 있습니다. 저 또한 그렇게도 창업했었습니다. 내가 지금 함께하고 있는 크리에이터, 나와 가족처럼 수십 년도 비즈니스 함께할 수 있다고 예단하면 안 됩니다.

생각은 쉽게 할 수 있어요. '수익분배율을 바꿔서 크리에이터도 더 주고, 나는 조금 덜 가져가더라도 지금 연봉보다 높으니 서로 윈윈이다.' 하지만 이 기준은 일년 내내, 2년, 3년 꾸준하게 변화하지 않고 매출이 유지되거나 상승할 경우의 이야기입니다.

새로운 회사를 만든다는 것은 정말 어려운 일입니다. 내가 실무자도, 법무팀도, 인사팀도, 제작팀도, 마케팅팀도 다역으로 해야 되거든요. 현실은 엄청난 전쟁터고, 잠깐은 뭔가 잘 굴러가는 듯 될 수 있지만 함께 보릿고개를 겪지 않아본 경우에는 결국 보릿고개가 왔을 때 무너집니다.

또한 문제라고 여기고 있는 나의 회사가 다소 부족해 보여도 생각보다 꽤 체계가 잡혀 있는 겁니다. 그 체계 안에서 근무를 하고 있기에 지금의 크리에이터와 함께하고 있는 것입니다.

IV

구독자 0에서 함께 시작한 게 아닌 한,
내가 이 크리에이터를 키웠다 하지 마세요.

언젠가는 꼭 충돌이 오는 지점입니다만, 기본적으로 크리에이터와 크리에이터의 채널은 그 사람의 크리에이티브로 성장한 것이고 우리는 거들뿐입니다. 오히려 그 크리에이터로 내 커리어가 빛났고, 내 이력서가 한 줄 더 생겼다고 생각하세요.

저도 많은 크리에이터와 함께했지만 그들을 키웠다고 생각하지 않습니다. 우리는 동반자이자 서포터이지, 선생님이나 트레이너가 아니기 때문입니다.

그리고 모순적으로, 나는 한 게 별로 없고 일부 거들었다 마인드를 가지고 침묵하더라도, 감사하게도 많은 크리에이터가 제 분 덕에 자기가 지금 있다 이야기 해주더라구요.

먹여주고 재워주고 놀아주고 끊임없이 교육해준 것이 아닌 한, '키웠다', '육성했다' 라는 말은 쓸 수 없는 말입니다.

V

법 전공을 한 게 아니더라도,
사내 변호사나 함께하는 법무법인이 있더라도
기본적으로 계약서에 관한 지식을 쌓으시면 좋습니다.

정말 온갖 종류의 계약서가 있고, 해를 거듭할수록 내용이 복잡해지고 디테일해지고 있습니다. 무엇보다도 계약서는 글자 하나의 차이로도 계약 내용은 다르고 법리적인 판단도 달라집니다. 이를테면 '합의'와 '협의'도요. 많은 캠페인을 하는 것도 중요하지만 그 캠페인을 위한 계약서 법무검토를 1차적으로 하는 것도 실무 진행에 피가 되고 살이 됩니다.

또한 인공지능에만 의존해서도 안됩니다. '사람'을 통한 비즈니스고 '사람'들이 계약에 관여하므로 정말 많은 변수가 있거든요. 계약 조항을 하나하나 뜯어보고, 또한 '만에 하나'의 변수가 생겼을 때 내 회사와 내 크리에이터가 갖게 되는 책임에 대해 연구하세요. 그게 먼저 된 후에 '법무 검토'가 필요합니다.

그 바쁜 시간에 그거 할 시간이 어딨냐구요? 일이 터지고 나면 수많은 시간을 수습에 써야 합니다. 그럴 바에는…

VI
무가 행사는 돈이 안되니 친구랑 가라고 한다?
정말 바보 같은 케어입니다.

팝업을 가는 크리에이터와 담당자의 시간이 곧 돈이고, 그 투자로 더 좋은 결과를 가져옵니다. 행사 자체는 무가로 단발성으로 끝날 수 있더라도 그곳에 만나는 또 다른 크리에이터들이나 업계 관계자, 광고주와의 만남은 더 멋진 콜라보레이션으로 이어집니다.

실제로 저도 무가 행사에서 만난 인연들과 많은 캠페인을 진행했고, 지금도 연락하고 만나면서 지내고 있습니다.

회사 이윤도 안 남는 행사 왜 동행하냐고 핀잔을 주는 리더나 대표가 있는 회사라면 당장 나오세요. 진심을 담은 동행은 크리에이터와의 끈끈한 신뢰와 더불어 회사의 이윤을 가져다줍니다.

VII

구독자는 허상입니다.
절대 크리에이터를 구독자 수로만 평가하지 마십시오.

조회 수를 넘어서 그럼 누적 시청 시간? 마찬가지입니다. 인게이지먼트에는 조회 수, 시청 시간, 좋아요, 댓글 수, 공유 수만 들어가는 것이 아닙니다. 시청 후에 아무 행위를 하지 않지만 다음 업로드를 기다리는 것도, 구독하지 않지만 검색으로 유입되는 것도, 광고주들이 좋아하는 구매 전환도 모두 다 인게이지먼트입니다.

200만 구독자를 가졌다 하여 커머스를 대박낼 수 있는 게 아니고, 수억 뷰를 찍었다 하여 코어 팬을 많이 가질 수는 없습니다. 그 크리에이터의 잠재력과 인성을 보고 함께하세요. 더욱이, 이젠 광고주도 크리에이터를 구독자로 말하지 않습니다.

잘 하는 크리에이터를 평가하는 지표는 이제 훨씬 더 복잡해졌고, 그 지표를 잘 읽을 수 있는 섬세함을 가져야 합니다.

VIII

우리 회사의 위치는 어디쯤이고, 어느 회사가 제일 잘 하고 있나 궁금해하지 마세요.

저도 제가 몸담고 있는 회사조차 이 책 안에서 언급을 안 하려고 노력했습니다. 수많은 크리에이터 비즈니스 회사, MCN 회사가 여전히 존재합니다. 어느 회사가 잘하고 어느 회사가 못하고 있다는 평가를 누가 내릴 수 있을까요?

어느덧 우리는 격동의 MCN 경쟁기를 지나고, 팬데믹도 지나고, 각 업종의 경계선도 모호해지면서 각자도생의 방법으로 비즈니스 모델을 연구하고 있습니다. 이름이 있는 MCN이라고 그만큼 잘하고, 창업한 지 얼마 안 된 MCN이라고 구조가 약하지 않습니다.

크리에이터들의 생각은 더욱 냉철합니다. 그 회사가 멋지고 이름이 있어서보다는 그 회사 안의 구성원들을 보고 있기도 하고, 함께 소속되어 있는 크리에이터들과의 소속감을 위해 남아있는 경우도 있습니다.

우리는 각자의 위치에서, 각자의 회사에서 방법을 찾아야 하고 그렇게 각 회사가 안정된 후에 선의의 경쟁을 해야 합니다.

IX
내가 좋아하는 카테고리, 플랫폼만 즐기시면 안 됩니다.

우리는 일반 시청자, 소비자가 아니고 이 업에 몸을 담은 관계자입니다. 내가 좋아하는 카테고리와 플랫폼만을 즐기기에는 시장은 너무나도 빠르게 변화하고, 복병 크리에이터와 콘텐츠가 존재합니다.

나와 거리가 먼, 내가 보기 꺼려지는 콘텐츠도 많이 보셔야 합니다. 그 안에서도 인사이트를 얻을 수 있고, 내 비즈니스와 크리에이터에 도움을 주는 메시지가 있습니다.

저도 중년 아저씨지만 이른바 '항마력' 딸린다는 틱톡도 많이 시청하고, 20대 여성들의 룩북을 보기도 하며, 실버 크리에이터들의 귀농 콘텐츠도 보고 있습니다. 각 콘텐츠와 각 플랫폼이 좋은 인사이트를 주며 저를 학습시킵니다.

X
크리에이터 비즈니스는 끝물이다? 예단하지 마십시오

산업이라는게 안정화되기 위해서는 수십년, 길게는 100년 이상도 지나야한다고 생각합니다. 크리에이터 기반 비즈니스, 이제 2025년 기준으로 12년 된 비즈니스입니다.

출판, 영화, 광고, 방송 모두 다 초기 20 - 30년은 흔들림의 시대였습니다. 그에 비하면 이 시장은 이제 초등학생 정도라고 할까요? 고작 12년 밖에 되지 않는 상태에서 어느 누가 사업이 망했다고 할 수 있을까요?

수많은 연예 기획사와 제작사도 셀럽들 기반으로 많은 채널을 가지고 있고 브랜디드 콘텐츠를 만들며, 커머스를 시도하고 있습니다. 본연의 의미를 생각해본다면 이들도 셀럽 MCN이거든요. 따라서 끝물이 아닙니다. 3.0, 4.0으로 진화하며 계속 유지되고 비로소 제대로 된 산업이 될 것입니다.

히든챕터 4

소속사 찾는 이에게, 실무자로서 드리는 TIP 10

TIP 1
세상에 공짜는 없습니다.

해 주는 게 많은 회사일수록, 가져가는 게 훨씬 더 많아집니다. 기업의 본질은 기본적으로 '영리'를 목적으로 하는 데에 있습니다. 비영리 단체가 아니기 때문에, 반드시 회사의 매출과 수익에도 큰 목적을 두게 됩니다. 이는 회사가 못된 것도 아니며 지극히 정상인 것입니다.

그렇기 때문에 그게 무엇이든, 내가 생각해도 많다고 느껴진다면 다시 한번 고민해 보는 것이 좋습니다. 잠시의 욕심으로 내가 누릴 수 있던 더 많은 것들이 묶이게 될 수 있습니다.

또한 내가 많이 요구하면 그걸 다 수용해주는 회사도 있습니다. 그 수용이 정확히는 수용이 아니라 '변형'임을 아셔야 합니다. 계약 내용도 더욱 철저히 확인하셔야 합니다. 기브 앤 테이크, 이 시장에서 필수 요소입니다.

TIP 2
회사가 네트워킹을 주도해준다? 옛날 이야기입니다.

작위적인 네트워킹은 회사도 좋지 않을 뿐더러, 그걸 별로 좋아하지 않는 크리에이터들에게도 치명적입니다. 나는 주변 친한 크리에이터가 없기 때문에 소속사에 들어가면 소속사 식구들과 함께할 자리가 많고, 콜라보레이션의 기회도 얻을 수 있다고 생각하시는 분들이 많습니다.

하지만 지금은 그렇지 않습니다. 회사가 아니라 내가 움직여야 합니다. 더욱이 다양한 SNS와 오프라인 팝업이 열리는 최근의 트렌드를 생각해본다면, 네트워킹은 결국 내가 직접 발로 뛰어야 합니다.

물론 그러한 행사에 함께 동행해주는 회사는 아주 좋습니다. 직접적 네트워킹은 아니더라도 간접적으로 여러분의 네트워크가 확장될 수 있도록 서포트 하는 것이니까요. 그런 서포트가 있다면 크리에이터 뿐만 아니라 대행사나 광고주와의 네트워크도 확장됩니다.

TIP 3
적어도 계약에 있어서는 친한 크리에이터들의 말은 배제하세요.

이것은 매우 중요한 내용입니다. 크리에이터들 내부 평판이 좋지 않은 A사가 있고, 좋은 B사가 있다고 내가 B사와 무조건 잘 맞는다는 보장이 없습니다. 회사의 브랜드만 볼 것이 아니라 내가 원하는 것을 그 회사가, 그 안의 담당자가 해줄 수 있는지를 봐야 합니다.

크리에이터의 제각기 꿈은 무수히 많습니다. 기업의 제각기 방향성과 비전도 무수히 많습니다. 따라서 누군가에게는 최적의 기업이 누군가에게는 최악의 소속사가 될 수도 있습니다. 그래서 계약은 내가 직접 만나고 묻고, 고민하고 결정해야 합니다.

친구들의 이야기를 듣고 계약한 후에, 내가 들었던 것이 단 하나도 이루어진 게 없다는 고백을 하는 크리에이터도 있었습니다. 그렇다고 해서 친구들의 잘못일까요? 아닙니다. 당연히 그 친구들은 본인의 만족도는 좋았고, 본인의 회사를 소개해주고 싶어서 그렇게 말 할 수 있는 거죠.

다만, 친구의 방향성과 나의 방향성이 1도라도 다르다면 그 소개는 '불만족'의 결과를 낳을 수도 있습니다.

TIP 4

지금 몸담고 있는 소속사,
너무 오래 있었으니 난 새로운 곳을 택해야 한다고요?

글쎄요. 이건 3번과 연결되는 지점인데, 다른 회사를 간다고 해서 지금의 회사보다 무조건 나을 것이라는 보장이 없습니다. 오히려 많은 회사들보다도 오래 당신과 함께했던 그 회사가 누구보다도 당신의 채널을 잘 알고 있을지도 모릅니다. 물론 방치되었다면 탈출이 필요하겠지만요.

따라서, 한 회사에 오래 있었고 스스로 고인 물이라 여겨졌기 때문에 변화를 위해 새로운 회사를 택하는 결정은 지양하시는 것이 좋습니다. 이탈보다, 요구하고 토론해 보세요. 그리고 중요한 것은 계약서에 명시된 계약 만료일이 임박해서가 아닌 평시에도 회사와 많은 이야기를 나누시고 요구하시고 수용하시면 됩니다.

떠났다고 잘 되는 크리에이터만 본 게 아니고, 남았다고 도태되는 크리에이터만 본 게 아닙니다. 함께한 '시간'과 '정성'을 여러분의 발전을 위해 활용하세요.

> **TIP 5**

다 해드릴 수는 없습니다.
가장 먼저 해드려야 할 부분을 고르세요.

채널 컨설팅, 제작 지원, 장비 대여, 비용 지원, 공간 대여, 지속적인 광고영업 등등. MCN 1.0 시대에는 이것들이 다 가능하긴 했습니다. 1번과 연결되는데요. 기업은 '영리'가 없으면 '소멸'하게 됩니다. 따라서 이 모든 것들을 다 해줄 수 있는 기업은 없고, 있더라도 없어질 겁니다.

내가 가장 먼저 필요한 부분, 그리고 그 부분을 가장 먼저 해결해 줄 수 있는 회사를 찾으세요. 내가 편집자나 제작 지원이 필요한데 내부에 제작 조직이 없는 회사? 그럼 아웃소싱 하게 되는 것이고 그럴거면 내가 직접 뽑으면 효율이 더 좋겠죠. 나는 광고 영업이 꾸준히 되었으면 좋겠는데 제작을 기반으로 두고 있는 프로덕션 회사? 들어오던 인바운드도 끊기게 됩니다.

계약금을 주는 회사가 계약금을 리쿱하는 것으로만 목적을 둘까요? 마이너스를 제로로 만들고 더 큰 플러스로 만들기 위해 상업적으로 케어할 수 밖에 없습니다. 물론, 내가 상업적으로 갈 준비가 되어 있다면 이것도 좋은 솔루션입니다.

TIP 6
나도 준비를 많이 해서 가야 합니다.
회사와의 미팅은 듣기만 하는 자리가 아닙니다.

해를 거듭할수록 크리에이터도 비즈니스 마인드를 더 지녀야 합니다. 그래야 나중에 여러분이 곧 브랜드가 되고, 여러분의 콘텐츠 비즈니스가 확장될 수 있습니다.

계약을 하기 전에 내 채널을 겉핥기식으로 보고 고양이 세수하고 오는 회사도 있지만, 심도있게 채널을 분석하고 정말로 내 채널을 영입하기 위해 자료를 정리한 후에 오는 회사가 있습니다.

여기서 중요한 지점이 있습니다. 잘 정리해 왔다고 하여 내가 계약하면 100% 만족을 얻을 수는 없습니다. 더욱이 내가 인기가 있는 크리에이터라면 그 회사의 첫 미팅은 일시적일 수 있기 때문이죠.

이를 방어하는 방법은 나도 잘 준비를 해야한다는 것입니다. 그 회사에 대한 정보를 최대한 많이 찾아보고, 내가 필요한 지점을 이야기할 때 어떻게 반응하는지, 솔루션은 확실히 있는지 파악하기 위해서는 많은 학습을 하고 미팅을 해야 합니다.

TIP 7

**MCN 회사가 아닌데 영입 제안이 왔는데 걱정이 된다?
무엇을 잘하는 회사인지를 보십시오.**

MCN은 전문 용어가 아닙니다. 잠시 풀어보죠. 미국에서 '구글'과 '머시니마'라는 회사가 처음에 이 용어를 정의할 때, 이렇게 정의했습니다.

'유튜브 콘텐츠 관리 시스템을 통해 여러 채널을 한 계정 아래에서 관리하며, 광고 수익을 분배하는 구조'

네, 그게 다입니다. 그리고 이제 한국 외에는 잘 쓰지도 않습니다.(한국 내에서도 점점 안 쓰는 분위기구요.) 쉽게 말하면 멀티 채널들 안에 여러분 채널이 하나 들어가 있는 개념입니다.

기존 MCN들도 그 'MCN'의 옷을 벗은지 오랩니다. 제작 기반이 탄탄한 곳도 있고, AE들이 많아지면서 웬만한 광고대행사 이상인 곳도 있고, 연예기획사 수준으로 매니지먼트가 잘 되는 회사도 있습니다.

따라서 그 회사가 어느 비즈니스에 강한지, 어떤 크리에이터들이 소속되어 있는지, 위에 쓴 팁들과 얼마나 맞아 떨어지는지를 보세요. MCN 유무는 여러분 서포트에 영향을 주지 않습니다.

TIP 8
가능하다면, 그 회사의 팀웍과 그 회사의 리더들을 보십시오.

꼭 대표나 C레벨을 보라는 것은 아닙니다. 가능하다면 적어도 내가 만난 담당자 외에도 또 다른 담당자들이나 그 회사의 분위기를 보십시오. 한 번으로 어렵다면 두 번 만나서 보십시오. 조직의 분위기, 팀웍은 직장에서 꽤나 중요하며 특히나 여러분을 케어하는 비즈니스에서는 매우 큰 영향을 줍니다.

전담 담당자가 붙는다고 하여 그 사람만 나에게 신경을 쓰는 구조라면, 회사를 들어갈 필요없이 1:1 전담 파트너를 구하면 됩니다.

리더도 마찬가지입니다. 적어도 나를 담당하는 담당자의 리더 또한 나를 그 회사 소속 크리에이터 수의 One of Them으로 보지 말아야 합니다. 뿐만 아니라, 정확히 무슨 강점이 있는 채널이고 어떤 콘텐츠를 다루는지 아는 리더가 있는 곳이야말로 팀원들과 함께 여러분 채널의 성장을 더 도울 것입니다. 리더가 매우 중요합니다.

TIP 9

나한테 연락이 왔던 회사만 만나보지 마십시오.
연락이 안 온 회사가, 관심이 없는 게 아닙니다. 채널이 수 만개에요.

이른바 알고리즘의 선택을 받을 기회가 점점 사라지는 요즘입니다. 제가 최초에 MCN을 할 당시에는 새로운 채널이 생기면 다음 날에도 파악이 되었지만 지금은 그렇지 못합니다.

연락을 주는 회사만 나에게 관심이 있는 것이 아닙니다. 또한 그 회사들도 굉장히 기계적으로, 그냥 뻔하디 뻔한 복붙 영입 메일을 보냈을 수도 있습니다.

검색엔진도 발전했고, 정보의 양도 많고, 심지어 AI까지 있으니 다양하게 공부하고 찾아본 후에 나에게 적합한 회사를 찾아 먼저 연락도 해 보세요. 답이 안 오는 회사도 많겠지만, 그 진정성을 반기고 여러분을 환대하는 회사도 있을 것입니다.

실제로 저는 그렇게 영입한 크리에이터가 최근에도 있습니다.

TIP 10
지금 안 들어가면 때를 놓칠 것 같다구요?
다급한 상태로 충동 계약하지 마세요.

MCN을 비롯한 크리에이터의 소속사는 반드시 그 중요한 역할을 가지고 있습니다. 따라서 언젠가는 그 케어가 필요한 시점이 오기는 합니다. 다만, 그 시점을 놓친다고 해서 그 이후에 회사를 들어가기 어려운 것은 아닙니다.

타이밍이 안 맞아 계약을 못 하게 되었다면, 그 회사는 어차피 인연이 아니었던 것입니다. 여러분 채널의 방향성과 어쩌면 여러분 인생의 일부를 바꿀 수도 있는 계약입니다. 끊임없이 공부해야 하고 다시 살펴봐야 하며, 심사숙고해야 하는 순간입니다.

그리고 오히려 나중에 더 많은 계약의 기회가 찾아오고 선택의 폭이 넓어질 수도 있습니다. 채널이 많이 성장한 후에 선택해도 늦지 않습니다. 여유롭게 생각하고 회사를 고르세요.

히든챕터 5

덕질도 기술입니다 - 시청자 구조짜기

① 크리에이터의 성장 스토리는 시청자가 완성합니다.

시청자는 단순히 콘텐츠를 즐기기만 하는 것이 아니라 크리에이터의 서사 편집자입니다. 어느 시점에서 구독을 누르고, 어느 댓글에서 무드를 만들었는지에 따라 채널의 색이 입혀집니다. 악플은 쓰지 마시구요. 응원하는 댓글 또는 정제된 피드백으로 그 채널을 발전하게 만들어주세요.

내 댓글에 답을 안했다고 해서 나를 무시를 하는 것은 아닙니다. 내 댓글 뿐만 아니라 다른 사람들의 댓글이나 여론을 보고 피드백하며 크리에이터 곁에서 계속 구조를 함께 짜 주세요.

② 알고리즘? 이것도 우리가 짭니다. 엄청난 권한이죠

콘텐츠를 시청하고 함께 반응한다는 것은 알고리즘을 프로듀싱하는 것입니다. 우리가 콘텐츠를 꾸준히 탐색하고, 반복해서 시청하는 것이 추천 노출을 증가시키고 다른 시청자도 우리의 관심사 안에 들어오게 합니다.

즉, 우리는 무의식적인 유통 설계자인 것이죠. 그래서 팬덤은 중요합니다. 일부러 반복적으로 돌리는 시청에는 한계가 있죠. 하지만 진심에서 나오는 콘텐츠 시청과 활발한 반응은 내가 좋아하는 채널이 더 상장할 수 있는 기틀을 '알고리즘 설계'를 통해 마련해 줍니다.

당연한 얘기지만 이렇게 보니, 알고리즘을 결정하는 자가 나라는 사실, 뭔가 뿌듯하지 않나요?

③ 상업적 콘텐츠가 많이 보인다. 보기 꺼려지신다구요

팬으로서 드리는 말인데, 초심을 잃은 것 같고 광고가 많이 보인다는 댓글을 다는 경우가 있습니다. 쉽게 생각해 보죠. 상업적 콘텐츠가 없으면, 그 채널의 콘텐츠는 무엇으로 만들어질까요?

제가 많이 듣는 질문이, 구독자 100만 200만 넘으면 수억대의 연봉도 가능하지 않냐인데 이건 극소수고 옛날 이야기입니다. 설령 수억을 번다 해도, 그 돈은 콘텐츠와 세금으로 소진됩니다.

단순히 촬영장비 사고, 공간 대여하는 데에만 들지 않습니다. '1인 미디어'는 옛 얘기며 편집자를 통해 비용이 많이 뜨는 경우도 있습니다. 또한 크리에이터의 수익은 매달 다릅니다. 수익이 몇 개월 없는 달도 있습니다.

소속사에 소속되어 있다면 크리에이터마다 다르겠지만 소속사에 들어가는 수수료도 무시 못 합니다. 따라서 내가 시청하던 채널이 과도한 상업적 콘텐츠가 보여질 때는, 이 지점을 이해하고 기다려주시는 것은 어떨까요?

④ 구독자와 조회 수가 높으면 엄청 많이 번다? 옛날 이야기입니다.

유튜브를 하다 보면 구독자 수나 조회 수가 마치 연봉 증명서처럼 여겨지는 경우가 많습니다. 하지만 이건 현실과는 거리가 있는 허상입니다.

조회 수로는 수익이 거의 나지 않으며, 진짜 중요한 건 시청 시간과 시청 지속 시간입니다. 영상이 얼마나 오래, 얼마나 집중해서 소비됐는지가 수익을 좌우합니다.

게다가 광고주도 점점 똑똑해지고 있습니다. 예전처럼 '구독자 많으니까 광고 단가 높게!' 하던 시대는 끝났고, 콘텐츠의 맥락과 브랜드의 일치성, 시청자 반응 등 훨씬 더 섬세한 요소를 봅니다.

많은 크리에이터들이 수익보다는 '지금까지 받아온 사랑에 대한 보답'의 마음으로 콘텐츠를 만들고 있어요. 그 사랑이 계속 이어질 수 있도록, 팬이자 시청자인 여러분의 구조 설계가 다시 한번 필요합니다.

⑤ 비평과 비판은 다른 것입니다.
거름같은 '비평'을 주는 시청자가 되어야 합니다.

비평은 콘텐츠를 더 자라게 만드는 영양분이 되고, 비판은 때로 크리에이터를 뿌리째 흔드는 바람이 될 수 있습니다. 창작자가 오랜 시간 준비한 콘텐츠에 대해 단순한 비판만 던지는 것은 대화가 아닌 단절이고, 악플입니다.

'이거 노잼이네'라는 말 대신, '이 포인트가 좋았는데 잘 드러나지 않아서 다음번엔 이런 구성이 더 좋을 것 같아요'라는 말은 크리에이터에게 방향성을 제시해 줍니다.

좋은 시청자는 단지 좋아요를 누르는 사람이 아니라, 의미 있는 피드백을 줄 줄 아는 사람입니다. 콘텐츠에 비판이 아닌 비평을 적절히 던져주는 당신은, 그 채널의 공동 프로듀서입니다.

⑥ 비교 없이 즐겨주세요. 한 끗 차이입니다.

모든 콘텐츠는 돌고 돕니다. 누군가의 아이디어에 착안해서 출발하는 경우도 많고, 비슷한 시기에 유사한 트렌드가 생기는 경우도 있습니다.

누군가 모카 무스 메이크업 콘텐츠를 가장 먼저 시작했다고 해서, 후발주자들이 그 콘텐츠를 모두 따라 만드는 것은 아닌 것이죠.

그러니 너무 빠르게 '이거 카피했네', '완전 ○○○ 따라했네'라는 말로 재단하지 마세요. 단 1초, 단 1컷, 한 끗 차이로 나만의 색을 만들어가는 크리에이터도 많습니다. 콘텐츠는 비교가 아닌, 즐김의 대상이니까요.

특히 여러 개의 채널을 시청하는 팬들끼리 서로 충돌하는 경우를 많이 목격합니다. 내가 알고 있는 이 채널이 원조라고 주장했는데, 그 채널 또한 해외의 다른 콘텐츠에서 아이디어를 가져온 경우도 많습니다.

비교 없이, 각 채널과 콘텐츠의 개성에 집중하여 즐겨주시고 응원해주세요.

히든챕터 6

속담 변형으로 보는 크리에이터 비즈니스

"구독자 잃고, 채널 고친다."
―

일이 터지고 나서야 수습하지 말고, 미리 대비해야 한다.
떠난 구독자를 다시 데려오기란 정말 어렵다.

"첫 인급동에 배부르랴."
―

초반 영상 몇 개로 바로 성공하길 바라지 마라.
일찍 터질수록 나중에 더 어렵다.

"골드 버튼 받은 놈 위에 다이아 버튼 받은 놈 있다."
―

언제나 나보다 잘하는 크리에이터도 많다.
겸손하게 꾸준하게 채널을 키우자.

"가는 메일이 고와야, 오는 메일이 곱다."
―

협업의 시작은 태도에서 갈린다. 그 메일에 따라 큰 계약금이 오가기도 하고, 좋은 계약이 취소되기도 한다.

"악플러 무서워서 영상 못 올릴까."
―

눈치 보면서 콘텐츠를 놓치고 기회를 잃지 마라.
악플도 관심이다.

"보기 좋은 썸네일이 누르기도 좋다."
―

포장도 실력이다. 클릭이 되어야만 뷰가 일어난다.
누가 보더라도 누를 수 있는 썸네일을 만들자.

"남의 채널이 더 쉬워 보인다."
—

남의 성공이 쉬워 보이지만 절대 그렇지 않다.
결국 자신의 영역에서 최선을 다해야 한다.

"채널 겉 핥기."
—

어떠한 채널을 파악하려거든 최근 영상이나 인기 영상 뿐만 아니라
다양한 부분을 세부적으로 살펴봐야 한다.

"다 된 영상에 게시 중단 뿌리기."
—

고생하면서 만든 영상이 저작권 변수를 생각 못하고 날아갈 수 있다.
저작권 위반을 주의하자.

"세이브 영상이 서 말이라도 올려야 보배다."

―

아무리 소스 영상이 많더라도 업로드를 하지 않으면 무용지물이다. 뭐라도 올려라.

"낮말은 광고주가 듣고, 밤말은 크리에이터가 듣는다."

―

업계가 매우 좁기 때문에 항상 말 조심을 해야한다. 크리에이터들도 대행사, 광고주와 친한 경우도 많다. 모두, 서로 험담하지는 않는 것으로.

"될성 부른 채널은 시청 지속시간부터 알아본다."

―

잘 되는 채널은 조회 수가 아닌 시청 지속시간을 보면 알 수 있다. 내 콘텐츠가 기대와 달리 잘 안되는 것 같다면, 시청 지속시간 그래프를 반드시 확인하자.